Gebäude und Namen

Kustodie der Technischen Universität Dresden

Gebäude und Namen

Die Campusentwicklung der TU Dresden

SANDSTEIN VERLAG

ZEUNERBAU
ELEKTROTECHNISCHES INSTITUT
GÖRGESBAU

TOEPLER-BAU

WALTER-FRENZEL-BAU

Grußwort

Zwei Charakteristika prägen bis heute das Erscheinungsbild der TU Dresden. Für die bauliche Entwicklung des Campus waren über viele Jahrzehnte Architekturprofessoren der Hochbauabteilung der TH/TU Dresden verantwortlich, die ihre Entwürfe eng mit den Nutzern, ihren Kollegen aus den anderen Fakultäten, abstimmten. Auffällig häufig wurden, einer Technischen Hochschule durchaus angemessen, innovative Bautechnologien bei der Umsetzung angewandt. Entstanden sind dadurch Gebäude, die den funktionalen Anforderungen einer Hochschule vorbildlich entsprachen und hohe gestalterische Ansprüche erfüllten. Gleichermaßen prägend für den Campus der TU Dresden ist die Tradition, Gebäude nach Persönlichkeiten zu benennen, die als herausragende Wissenschaftler die Institution und oft auch die bauliche Entwicklung der Hochschule entscheidend beeinflusst haben. Am Anfang stand das Hauptkollegiengebäude der Mechanischen Abteilung, das zur Feier des 100-jährigen Jubiläums der TH Dresden 1928 nach dem ehemaligen Direktor des Polytechnikums und renommierten Maschinenbauer Gustav Anton Zeuner benannt wurde. Die bemerkenswerte Altbausubstanz, aber auch die historischen und biografischen Bezüge über die Namenspatrone sorgen bis heute für eine hohe Identifikation der Hochschulangehörigen mit dem Campus.

Unter dem Titel »Gebäude und Namen« gibt die Kustodie der TU Dresden seit 1978 eine Publikation heraus, die den jeweils aktuellen Stand der Gebäudebenennung dokumentiert. Die 1997 erschienene vierte Auflage ist lange vergriffen und durch das rasante Baugeschehen einer stetig wachsenden Exzellenzuniversität auch inhaltlich überholt. Für die vorliegende Neuauflage wurde das Konzept des Bandes grundlegend verändert; es gliedert sich nun in fünf chronologische Kapitel, die die Entwicklung des Campus der TU Dresden nachzeichnen, sowie ein Kapitel zum Standort Tharandt. Erstmals erscheint auch eine englische Ausgabe. In den Vordergrund gerückt wurden die Gebäude, ihre Konzeption und Errichtung, ihre Ausstattung für Forschung und Lehre ebenso wie Umbauten und Umnutzungen. Dadurch ergibt sich eine kleine Geschichte der Campusentwicklung im Kontext wechselvoller interner und externer historischer Einflüsse.

Von der Brühlschen Terrasse zum Campus Südvorstadt

Der Pavillon auf der Brühlschen Terrasse, Hermann Krone, 1857

Der Erhalt dieser einmaligen historischen Gebäude und ihre weitere Nutzung in Forschung und Lehre sind jedoch keine einfachen Aufgaben. Die technisch hohen Anforderungen an Labore für die moderne Forschung und der stetig wachsende Raumbedarf einer Exzellenzuniversität stellten eine denkmalgerechte Bewahrung der Bauten vor große Herausforderungen und sind unter Einhaltung aller Auflagen nur mit großem Aufwand zu realisieren. Die erfolgreiche Vermittlung zwischen Tradition und Spitzenforschung gelingt daher nur durch ein klares Bekenntnis zum historischen Campus, dessen architektonische Qualität die Identität der Hochschule bis heute maßgeblich prägt. Es ist dem engagierten Einsatz und der Kreativität zahlreicher Partner zu verdanken, wenn die Umsetzung aufwendiger Sanierungskonzepte, aber auch die Weiterentwicklung des Campus verwirklicht werden können. So entsteht momentan ein neuer Masterplan für die Campusgestaltung, der Neues mit Altem gleichermaßen verbindet und bis zur 200-Jahr-Feier der Universität im Jahr 2028 umgesetzt werden soll.

Ich bedanke mich herzlich bei Dr. Jörg Zaun und Kirsten Vincenz für die Konzeption und Erstellung dieser Neuauflage sowie bei Till Schuster für seine herausragenden Architekturfotografien. Darüber hinaus gilt mein Dank Prof. Gilbert Lupfer, Dr. Klaus Mauersberger und Gwendolin Kremer, die die Entstehung des Textes begleitet haben, sowie dem Sandstein Verlag für die hervorragende verlegerische Betreuung des Projekts.

Dr. Andreas Handschuh

Kanzler der TU Dresden
Dresden, April 2020

Polytechnische Schule am Antonplatz, Lithografie, um 1850

Am 1. Mai 1828 wurde die »Technische Bildungsanstalt Dresden« mit dem Ziel, die wirtschaftliche Entwicklung Sachsens durch die Ausbildung des technischen Nachwuchses zu fördern, eröffnet. Erster Sitz der neuen Schule war ein kleiner, später abgerissener Gartenpavillon im Rokokostil auf der Brühlschen Terrasse. Nachdem sich die Bildungsanstalt unter ihrem ersten Vorsteher, dem Astronomen und Geodäten Wilhelm Gotthelf Lohrmann (1796 – 1840), sehr dynamisch entwickelte und auch die seit 1833 genutzten Räume im Rüstkammergebäude am Jüdenhof den Raumbedarf nicht mehr decken konnten, bewilligte die Ständeversammlung 1843 die Haushaltsmittel für ein Schulgebäude am Antonplatz. Der Architekt Gustav Heine (1802 – 1880), Lehrer für Baukunde und architektonisches Zeichnen an der Technischen Bildungsanstalt, entwarf das Gebäude, welches im September 1846 bezogen werden konnte.

In Anerkennung des gehobenen Niveaus erhielt die Lehranstalt 1851 die Bezeichnung »Königlich Polytechnische Schule zu Dresden«. Im Jahr zuvor war Julius Ambrosius Hülsse (1812 – 1876) zum Direktor ernannt worden. Hülsse trieb die weitere Profilierung der Schule energisch voran. Den Charakter einer Hochschule erreichte die Lehranstalt mit einer umfassenden Reform in den Jahren 1870/71, die auch in der Umbenennung in »Königliches Polytechnikum Dresden« ihren Ausdruck fand. Noch vor seinem Ausscheiden 1873 brachte Hülsse einen Neubau für das Polytechnikum auf den Weg.

Entworfen wurde der Hochschulbau am Bismarckplatz (heute Friedrich-List-Platz) erneut von einem Mitglied der Lehranstalt, dem Architekten und Professor für Baukonstruktion Rudolf Heyn (1835 – 1916). Heyn orientierte sich an dem von Gottfried Semper (1803 – 1879) geschaffenen Vorbild der Eidgenössischen Technischen Hochschule (ETH) Zürich. Die Vierflügelanlage umschloss zwei Innenhöfe und einen als Repräsentationsachse ausgestalteten Verbindungstrakt. Den Giebel über dem Mittelrisalit schmückten sechs vom Bildhauer Friedrich Rentsch (1836 – 1899) entworfene weibliche Figuren, als Allegorien für die sechs Abteilungen der Hochschule: Mechanik, Ingenieurwesen,

Hauptgebäude des Polytechnikums
am Bismarckplatz, Hermann Krone, 1887

Chemie, Architektur, Mathematik und, für die Allgemeine Abteilung, Literatur. Auch in der repräsentativen Innengestaltung von Treppenhaus und Aula spiegelte sich das gewachsene Ansehen und Selbstbewusstsein der Ingenieure. Beim eigenständigen Gebäude für die Chemielabore, auf der Rückseite der Hochschule an der Schnorrstraße, berief sich Heyn ebenfalls auf Vorbildbauten der ETH.

Mit dem Bezug des Neubaus wurde 1875 eine Hochbauabteilung und damit die Architektenausbildung am Polytechnikum etabliert. Heyn wurde erster Vorstand der Abteilung und zugleich erster Architekturprofessor des Polytechnikums.

1873 hatte Gustav Anton Zeuner (1828 – 1907) die Leitung der Hochschule übernommen. Zeuner baute in

Die Aula im neuen Hauptgebäude,
Hermann Krone, 1887

seiner Amtszeit insbesondere die Allgemeine Abteilung erheblich aus. Seit 1883 konnten die Studierenden mit einem Diplom abschließen. Bis 1890 gelang es Zeuner, aus dem Polytechnikum die »Königlich Sächsische Technische Hochschule« zu formen, die mit der neuen Hochschulverfassung größere Autonomie und ein gewähltes Rektorat erhielt.

Trotz mehrfacher Erweiterungen der Hochschulgebäude am Bismarckplatz reichte das Raumangebot für die schnell wachsenden Studierendenzahlen und die für einen modernen Unterricht notwendigen, immer größeren Labore bald nicht mehr aus. Insbesondere die Maschinenbaulabore amerikanischer Hochschulen, die Hubert Engels (1854 – 1945), Dresdner Professor für Wasserbau, und viele andere deutsche Ingenieure anlässlich des Besuchs der Weltausstellung in Chicago 1893 kennengelernt hatten, führten die Notwendigkeit eines massiven Ausbaus der Technischen Hochschulen in Deutschland drastisch vor Augen. Ein in Kellerräumen der Hochschule eingerichtetes Maschinenbaulaboratorium konnte als Provisorium nur den dringendsten Bedarf decken. In Engels' Amtszeit als Rektor von 1896 bis 1898 wurde daher die Erschließung eines neuen Campus

Karl Weißbach

am Stadtrand von Dresden in die Wege geleitet. Das unbebaute, zwölf Hektar große Gelände, von George-Bähr-Straße, Berg-, Mommsen- und Helmholtzstraße begrenzt, hatte die Stadt Dresden erworben und kostenfrei zur Verfügung gestellt.

Der Architekt Karl Weißbach (1841–1905) entwarf als ersten Bauabschnitt die Gebäude für die Mechanische Abteilung. Weißbach vertrat seit 1875 Gebäudelehre und Entwerfen als Architekturprofessor am Polytechnikum bzw. an der TH Dresden. Als Architekt hatte er in Dresden mit zahlreichen Villen und Wohnhäusern sowie der russisch-orthodoxen Kirche (Fritz-Löffler-Straße) bereits Spuren hinterlassen. Weißbach plante die Gebäude der Mechanischen Abteilung in der nordwestlichen Grundstücksecke und ließ somit den repräsentativen Baugrund am heutigen Fritz-Foerster-Platz für ein später zu errichtendes Hauptgebäude der TH Dresden frei. Zunächst wurde 1900 ein zentrales Heizkraftwerk errichtet, das den neuen Campus mit Wärme und Strom versorgen sollte. Im gleichen Jahr erhielt die

Die Mechanische Abteilung der TH Dresden, Postkarte, 1905

Das Heizkraftwerk
der TH Dresden

TH Dresden das Promotionsrecht, womit die Gleichstellung zur Landesuniversität in Leipzig endgültig abgeschlossen war. Bereits im Sommer 1901 konnte der erste – und im kommenden Sommer der zweite – Teil des Maschinenbaulaboratoriums (heute Mollier-Bau) bezogen werden. 1903 folgte die Fertigstellung der Mechanisch-Technischen Versuchsanstalt (heute Berndt-Bau) mit dem zugehörigen Maschinensaal (heute Sachsenberg-Bau), 1904 das Hauptgebäude der Mechanischen Abteilung (heute Zeuner-Bau) und schließlich konnte zu Ostern 1905, in Anwesenheit des sächsischen Königs, das Elektrotechnische Institut (heute Görges-Bau) seiner Bestimmung übergeben werden. Insgesamt war eine Bausumme von 5,5 Millionen Mark investiert worden. Die von Weißbach entworfene, am norddeutschen Backsteinbau orientierte Architektur aus Ziegelbauten mit hellem Sandsteinsockel erregte Missfallen im eher konservativen Dresden, prägte aber die weitere architektonische Entwicklung des Campus entscheidend.

GUSTAV ANTON ZEUNER
30.11.1828 – 18.10.1907

Nach einer Tischlerlehre und dem Besuch der Gewerbeschule in Chemnitz studierte Gustav Zeuner an der Bergakademie Freiberg. Nach der Promotion in Leipzig 1853 versagten ihm die sächsischen Behörden wegen seiner Beteiligung am Dresdner Maiaufstand 1849 die Einstellung als Lehrer. Zeuner wurde 1855 als Professor für Mechanik und Maschinenlehre an die ETH Zürich berufen und wirkte dort ab 1865 zusätzlich als Direktor. In seiner Züricher Zeit entstanden die bahnbrechenden Arbeiten zur technischen Thermodynamik.

1871 übernahm Zeuner den Lehrstuhl für Maschinenbau an der Bergakademie Freiberg und zeitgleich das Amt des Direktors. Nach nur zwei Jahren wurden ihm 1873 das Amt des Direktors am Dresdner Polytechnikum und die Professur für Mechanik und theoretische Maschinenkunde übertragen. Zeuners grundlegende Reform des Polytechnikums wurde 1890 mit der Verleihung des Status der Technischen Hochschule vollendet. Damit zog sich Zeuner aus der administrativen Tätigkeit zurück und widmete sich bis zur Emeritierung 1897 ausschließlich der Lehre und Forschung.

Zeuner-Bau

Das Hauptgebäude der Mechanischen Abteilung, auch Kollegienhaus genannt, wurde 1928 anlässlich des Doppeljubiläums von Hochschulgründung und 100. Geburtstag von Gustav Zeuner nach ihm als ehemaligem Direktor benannt. 1933 wurde vor dem Gebäude an der George-Bähr-Straße die von Friedrich Offermann (1859 – 1913) geschaffene Bronzebüste des Namensgebers aufgestellt. Der Zeuner-Bau ist das erste nach einem Hochschullehrer benannte Gebäude an der TH Dresden und damit Ausgangspunkt dieser Tradition.

Das Gebäude ist als Vierflügelanlage mit hervorspringenden Eckrisaliten angelegt. Auf einem Sockelgeschoss aus Cottaer Sandstein waren der Südflügel und die anschließenden Eckrisalite als dreistöckige – alle anderen Baukörper nur als zweistöckige – Klinkerbauten mit sandsteinernen Gewänden ausgeführt. Das Gebäude erschloss sich über ein Portal im Mittelrisalit der zum Campus hin gelegenen Südseite und nicht einer der beiden Straßenseiten. Auf der Nordseite waren in den beiden Etagen sowie im eisernen Dachstuhl fünf gut beleuchtete Zeichensäle untergebracht, ein sechster im Ostflügel. Vier Hörsäle hatte Karl Weißbach in den Eckrisaliten platziert. Den meisten Raum nahmen jedoch die Mechanisch-Technologische Sammlung, die Kinematische Sammlung, die Sammlung für Maschinenelemente und Hebezeuge sowie die Sammlung für Dampfmaschinenbau ein.

Von 1928 bis 1930 wurde vom Architekten Walther Heise (1879 – 1961) ein Erweiterungsbau zwischen Zeuner-Bau und Maschinenbaulaboratorium errichtet, in dem ein großer Hörsaal untergebracht wurde, der, offiziell nach dem Maschinenbauprofessor Willibald Lichtenheld (1901 – 1980) benannt, von den Studierenden als Bombentrichter bezeichnet wird. Heise griff für die Fassadengestaltung zwar den Klinker auf, verzichtete aber auf den Sandstein und gliederte die Fassade wesentlich moderner. Im Februar 1945 wurde der Zeuner-Bau durch Bombentreffer schwer beschädigt. Beim Wiederaufbau ab 1946 wurden die beiden nördlichen Eckrisalite sowie Ost-, Nord und Westflügel um eine Etage aufgestockt, um die große Raumnot der Hochschule zu lindern. Die Grenze zwischen alter Bausubstanz und Nachkriegsergänzung ist an der Farbschattierung des Mauerwerks deutlich ablesbar. Noch heute hat die Fakultät Maschinenwesen der TU Dresden im Zeuner-Bau ihren Sitz.

MOLLIER-BAU

Mollier-Bau

Die Maschinenbaulaboratorien A und B wurden von Karl Weißbach in enger Kooperation mit dem Maschinenbauprofessor Leonidas Lewicki (1840 – 1907) entworfen. Der Bau bestand aus vier zweigeschossigen Eckpavillons, verbunden durch drei eingeschossige Flügel. Wie alle Gebäude von Weißbach war das Labor in Klinker auf einem Sandsteinsockel ausgebildet. In Ost- und Westflügel war das Laboratorium A für Dampf- und Wassermaschinen untergebracht. Dazu gehörte auch ein später abgerissenes Kanalgebäude zwischen Zeuner- und Mollier-Bau, das mit Ober- und Unterkanal eine Kreisführung des Wassers für die Untersuchung von Wasserturbinen erlaubte. Im Maschinenbaulaboratorium A war ein großer Experimentierhörsaal integriert. Der an der George-Bähr-Straße gelegene Nordflügel beherbergte das Laboratorium B für technische Thermodynamik. Zwischen Ost- und Westflügel schloss das Kesselhaus einen Innenhof mit einem Gasbehälter ab. Im dreiseitig umbauten südlichen Innenhof wurde ein achteckiger Wasserturm mit dem Hauptschornstein errichtet; diese Konstruktion erlaubte eine Rückgewinnung der Restwärme aus dem Schornstein.

Von 1928 bis 1930 schloss man den Hof auf der Südseite durch die »Neue Halle«, die ein Turbinenprüffeld sowie einen Hörsaal beherbergte. Im Februar 1945 wurde das Gebäude durch Brandbomben zerstört; beim anschließenden Wiederaufbau stockte man den Südflügel um eine Etage auf. Im November 1963 wurde dem Gebäude anlässlich des 100. Geburtstags von Richard Mollier der Name Mollier-Bau verliehen. Noch heute werden die meisten Flächen im Gebäude als Experimentierhallen von der Fakultät Maschinenwesen genutzt.

RICHARD MOLLIER
30.11.1863 – 13.3.1935

In Graz und München studierte Richard Mollier Physik und Maschinenbau. Nach zwei Jahren Industrietätigkeit kehrte er 1890 an die TH München zurück. Mit der 1892 vorgelegten Habilitationsschrift begründete er seinen Ruf auf dem Gebiet der technischen Thermodynamik. 1895 promovierte er an der Universität München. 1896 berief die Universität Göttingen Mollier auf einen Lehrstuhl für angewandte Physik und Maschinenlehre. Im folgenden Jahr nahm er den Ruf auf den Lehrstuhl für theoretische Maschinenlehre und als Direktor des Maschinenbaulaboratoriums an die TH Dresden an.

1904 publizierte Mollier seine Schrift »Neue Diagramme zur technischen Wärmelehre«, in denen er die Enthalpie gegen andere Zustandsgrößen abtrug. Damit schuf Mollier ein bahnbrechendes Hilfsmittel zur theoretischen Behandlung und Berechnung thermodynamischer Prozesse, beispielsweise in Kältemaschinen, Dampfmaschinen oder Dampf-Luft-Gemischen. Der Thermodynamik-Kongress 1923 in Los Angeles beschloss, alle Diagramme mit einer Enthalpiekoordinate »Mollier-Diagramme« zu nennen.

Berndt-Bau

Der Berndt-Bau wurde 1902/03 nach Plänen von Karl Weißbach für die Mechanisch-Technische Versuchsanstalt (MTV) errichtet. Der rote Ziegelbau lehnt sich an Formen der Renaissance an. Der Sandstein für den Sockel, die Fenster- und Türgewände sowie die Dachgesimse steht dabei im Kontrast zu den roten Ziegeln. Die MTV war aus dem 1894 etablierten Laboratorium für die Prüfung von Bau- und Konstruktionsmaterialen der TH Dresden hervorgegangen, welches nach und nach immer mehr Prüfaufgaben für Behörden und die Industrie übernommen hatte und so zu einer eigenständigen Prüfanstalt gewachsen war. Der Berndt-Bau bestand ursprünglich aus zwei dreigeschossigen Kopfbauten, die durch einen schmalen, zweigeschossigen Mitteltrakt verbunden waren. Der nördliche Kopfbau war hofseitig durch eine Gebäudebrücke mit einer Versuchshalle (heute Sachsenberg-Bau) verbunden. Das Portal zur MTV lag, anders als bei den Bauten für die Mechanische Abteilung der TH, auf der Straßenseite zentral im Mitteltrakt; dadurch zeigte sie ihren öffentlichen Charakter an. Bereits während der Bauphase wurde die MTV an das Fernsprechnetz angeschlossen.

Um 1930 wurde der Mitteltrakt auf der Hofseite durch Walther Heise verbreitert, sodass das Gebäude einen nahezu symmetrischen Grundriss erhielt. Als einziges Gebäude von Weißbach blieb der Berndt-Bau von Kriegseinwirkungen weitgehend verschont. Erst 1957 wurde der Mitteltrakt um eine Etage aufgestockt, wobei man in Material und Gliederung sehr dicht an der vorhandenen Substanz blieb und sich diese Ergänzung harmonisch einfügte. Bereits 1953 erhielt das Gebäude den Namen Berndt-Bau.

GEORG BERNDT
22.4.1880 – 2.7.1972

Georg Berndt studierte Mathematik und Physik an der Universität Halle, wo er 1901 promovierte. 1903 habilitierte er sich an der Universität Breslau und wechselte 1904 an das Friedrich-Polytechnikum in Köthen. Von 1909 bis 1913 wirkte er als Direktor des Physikalischen Instituts in Buenos Aires, Argentinien.

Ab Ende 1913 war Berndt bei der Optischen Anstalt C.P. Goerz in Berlin tätig. Hier begann er, sich mit Fragen der Werkstoffprüfung und Fertigungsmesstechnik zu befassen; außerdem lehrte er an der TH Charlottenburg. 1919 wechselte er zur Ludw. Loewe & Co AG und wurde Mitglied des Deutschen Normenausschusses. Fragen der Maßgenauigkeit von Lehren und Messgeräten rückten in den Vordergrund.

1924 wurde Berndt als Professor für Messtechnik und wissenschaftlichen Austauschbau an die TH Dresden berufen. In Zusammenarbeit mit dem Deutschen Normenausschuss schuf er die wissenschaftliche Grundlage für Normen, Messverfahren und Messtechnik. Während des Zweiten Weltkriegs war Berndt in der Torpedoforschung eingesetzt. 1946 übernahm er den Wiederaufbau des Instituts und wurde Mitglied des Deutschen Amtes für Maß und Gewicht.

Görges-Bau

Das im Jahr 1905 eingeweihte Elektrotechnische Institut schloss die von Karl Weißbach konzipierte erste Bebauungsphase ab. Der Architekt gruppierte alle Räume um einen großen Lichthof, in dem bis heute der zentrale Maschinensaal liegt. Ein Portalkran ermöglicht die Um- und Neugruppierung der schweren Maschinen. Die Umgänge um den Lichthof sind mit diesem durch hohe, fensterlose Bogenöffnungen verbunden, welche mit ihren Brüstungsgittern dem Maschinensaal eine repräsentative Wirkung verleihen. Zwei Balkone in den Lichthof ermöglichen eine Übersicht über den Maschinensaal. In den Umgängen sind historische Elektromaschinen aufgestellt.

Seit 2003 ist der Görges-Bau auch Sitz der Altana Galerie der Kustodie. Ausstellungen an der Schnittstelle von Kunst und Wissenschaft setzen sich mit künstlerischer Forschung vor dem Hintergrund gesellschaftsrelevanter Zukunftsfragen auseinander.

Ein charakteristisches Detail des Gebäudes ist der durch einen Mittelrisalit betonte Eingang, der auf einer Achse in Opposition zum Eingangsportal des Zeuner-Baus liegt. Das große Risalitbogenfenster mit seiner Sandsteineinfassung greift Jugendstilelemente auf. Ansonsten ist das Gebäude schlichter als der Zeuner-Bau gestaltet. Der Mittelrisalit auf der Ostseite wurde offenbar nachträglich geplant, um ausreichend Platz für den großen Hörsaal zu schaffen. Dieser unterbricht in der zweiten Etage auch den Umgang um den Lichthof; seine ursprüngliche Fensterwand zum Lichthof wurde nachträglich geschlossen. Auch der Görges-Bau wurde im Februar 1945 schwer beschädigt und beim Wiederaufbau um ein Halbgeschoss aufgestockt, das sich durch eine Putzfassade deutlich vom Altbestand absetzt. 1952 erhielt der Görges-Bau seinen Namen und wird weiterhin vom Institut für Elektromaschinenbau genutzt.

JOHANNES GÖRGES
21.9.1859 – 7.10.1946

Johannes Görges trat nach dem Studium der Mathematik und Physik an den Universitäten Göttingen, Tübingen und Berlin 1884 in das Konstruktionsbüro von Siemens & Halske ein. Er befasste sich mit der Entwicklung elektrischer Maschinen und stellte dazu auch mathematische, theoretische Überlegungen an, die sich in zahlreichen Veröffentlichungen niederschlugen. Görges stieg bis zum Vorstandsmitglied bei Siemens & Halske auf. Auf der Weltausstellung in Paris 1900 wurde er für seine Beiträge zum Elektromaschinenbau mit einem Grand Prix ausgezeichnet.

Görges wurde 1901 als Ordinarius an die TH Dresden berufen. Den schon in Planung befindlichen Neubau für das Elektrotechnische Institut konnte er speziell auf die Bedürfnisse der starkstromtechnischen Experimentalausbildung zuschneiden. Im Lichthof des Instituts unternahm er zur wissenschaftlichen Vorbereitung der ersten 110-kV-Drehstromleitung Europas von Lauchhammer nach Riesa hochspannungstechnische Untersuchungen zur Klärung von Korona-Erscheinungen. Als Hochschullehrer zeichnete er sich durch herausragende didaktische Fähigkeiten aus.

Campusausbau und Zerstörung

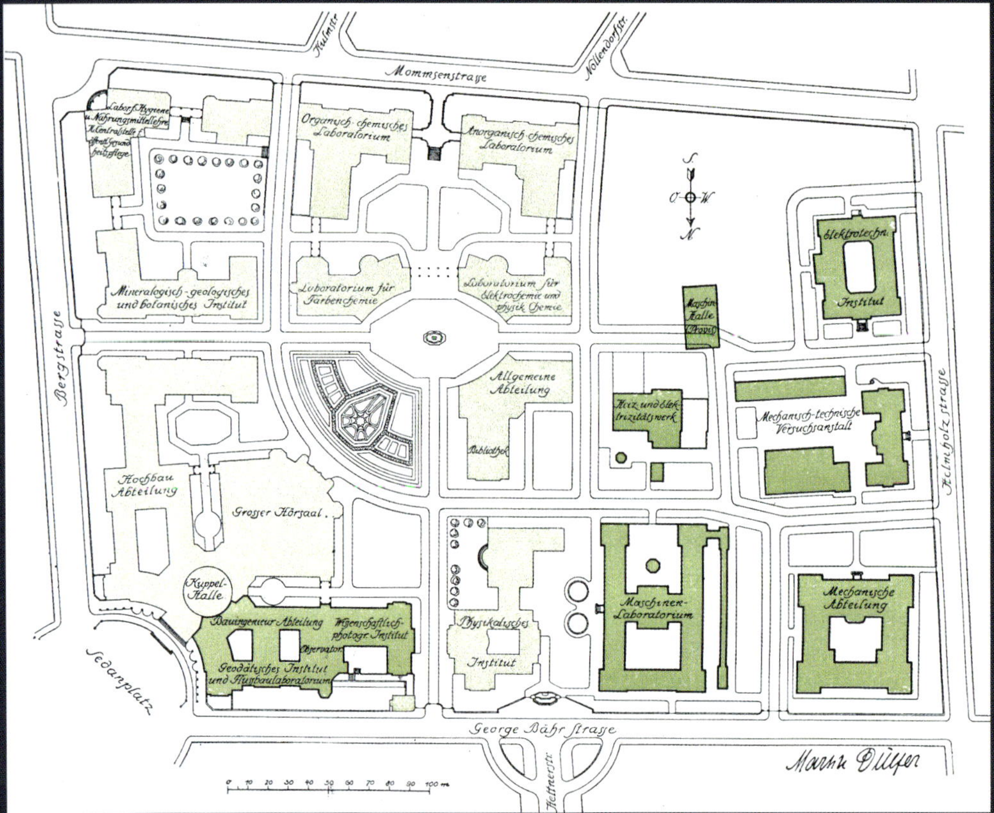

Bebauungsentwurf des Campus der TH Dresden, Martin Dülfer, 1913

Martin Dülfer

Sitzungsraum der Bauingenieure im Beyer-Bau, 1913

Mit der Einweihung der ersten Neubauten vom Architekten Karl Weißbach (1841 – 1905) auf dem Südvorstadt-Campus 1905 konnte die Mechanische Abteilung aus dem Hochschulgebäude am Bismarckplatz auf den neuen Campus umziehen. Die »Alte Hochschule« blieb jedoch durch stetig wachsende Studentenzahlen, die Einrichtung neuer Fächer und die Notwendigkeit zusätzlicher Laboratorien weiterhin überlastet, sodass weitere Abteilungen auf dem Campusgelände angesiedelt werden sollten. Als treibende Kraft erwies sich Hubert Engels (1885 – 1945), der zwischen 1890 und 1925 die Professur für Wasserbau und Elemente der Ingenieurwissenschaften innehatte. In seiner 1906 verfassten Denkschrift für den Senat plädierte er für die Verlegung der Ingenieurabteilung und des Wissenschaftlich-Photographischen Instituts in einen Neubau, in dem dann auch ein modernes Flussbaulaboratorium untergebracht werden sollte. Diesen Bauauftrag erhielt Martin Dülfer (1859 – 1942), der 1906 Weißbach auf den Lehrstuhl für das Entwerfen von Hochbauten folgte. Dülfer hatte sich durch Wohn- und Theaterbauten im Jugendstil, aber auch mit Industriebauten bereits international einen Namen gemacht, als er von München an die Dresdner Hochschule wechselte.

Mit Dülfers Gesamtbebauungsplan begann die zweite Bauphase auf dem Südvorstadt-Campus, die er in den nächsten zwei Jahrzehnten maßgeblich prägte. In nur kurzer Zeit entwickelte sich die Dresdner Hochbauabteilung unter seiner Ägide nach der TH München zur zweitgrößten Ausbildungsstätte in Deutschland. Dülfers Entwurf sah die Bebauung des Areals zwischen Mommsenstraße und George-Bähr-Straße vor, dessen Ausgangspunkt der damalige Sedanplatz (heute Fritz-Foerster-Platz) bildete. Auf dem nordöstlichen Eckgrundstück des Bauareals plante er einen monumentalen Gebäudekomplex, dessen Zentralbau mit Kuppelhalle sich zum Platz – und damit zur Stadt – öffnete. Dülfer beabsichtigte eine möglichst enge und weithin sichtbare städtebauliche Beziehung zwischen der Innenstadt, dem Hauptgebäude der Hochschule in der Nähe des Hauptbahnhofs und dem neuen Campus. Rektorat und Verwaltung sollten hier untergebracht werden; ebenso ein Auditorium maximum mit 1600 Plätzen. Der Gebäudeflügel entlang der Bergstraße war für die Hochbauabteilung vorgesehen, während im westlichen Gebäudeteil die Bauingenieurabteilung untergebracht werden sollte.

Zentral im Gelände war ein Platz geplant, zu dem sich Instituts- und Laborgebäude hin ausrichteten sowie weitere symmetrisch angeordnete Gebäudeensemble. Damit hatte Dülfer einen überaus repräsentativen Campusplan entwickelt, der 1910 durch das Ministerium zwar bestätigt, aber letztendlich nur zu wenigen Teilen realisiert werden konnte. Einzig das Gebäude der Bauingenieurabteilung, der heutige

Beyer-Bau, wurde 1913 übergeben, bevor der Erste Weltkrieg eine weitere Umsetzung verhinderte. Die Idee eines geschlossen bebauten Hochschulcampus, der Kuppelbau und das Gebäude für die Hochbauabteilung wurden in der Nachkriegszeit aufgrund von Sparmaßnahmen aufgegeben. 1921 nahm man das Bauvorhaben trotz großer finanzieller Schwierigkeiten wieder auf. Unter Dülfers Leitung entstanden die als Dreiflügelanlage konzipierten chemischen Institute (heute Fritz-Foerster-Bau, König-Bau und Erich-Müller-Bau) in einer allerdings reduzierten Ausführung und mit einer deutlich historisierenden Prägung. Dülfer gab seinen baulichen Anspruch zugunsten einer Variante auf, die »der Architekt in allen Teilen mit den einfachsten Mitteln, dem schlichten Backsteinmaterial, das nicht voll seine Wünsche befriedigte, schaffen musste«, wie er anlässlich der Einweihung der chemischen Institute am 12. Juni 1926 erklärte. Seine Hochschulbauten zeichnen sich durch eine im Historismus und im Jugendstil verwurzelte Formensprache aus, die auch bei der Innenausstattung der Gebäude zum Tragen kommt. Als besonderes Merkmal gilt bis heute der Einsatz neuer Baustoffe wie Stahlbeton, in Verbindung mit einer feinen Durchbildung architektonischer Details.

In den nun folgenden Jahren entstanden nur noch wenige Neubauten auf dem Gelände und Martin Dülfers ursprünglicher Plan einer geschlossenen Campusbebauung geriet mehr und mehr in den Hintergrund.

Mit der Gründung der Studentenwerke während der Weimarer Republik erhielt die TH Dresden ein eigenes Studentenhaus, das von dem Stadtbaurat Paul Wolf (1879 – 1957) zwischen 1923 und 1925 projektiert wurde und 1928 einen Erweiterungsbau für die Mensa erhielt. Möglich wurde der Bau durch eine großzügige Schenkung des Dresdner Unternehmers Theodor Bienert (1857 – 1935); er überließ der Hochschule das Grundstück an der Mommsenstraße kostenfrei.

1929 wurde die Textilmaschinenhalle (heute Walter-Frenzel-Bau) durch das Neubauamt unter der Leitung von Walther Heise (1879 – 1961) errichtet.

Foyer im Beyer-Bau, 2017

Heise verantwortete auch die umfassenden Erweiterungen der Gebäude des Maschinenwesens. Unter anderem entstanden ein neuer Hörsaal am Zeuner-Bau mit rund 500 Plätzen (heute Lichtenheld-Hörsaal) und die Erweiterung der Mechanisch-Technischen Versuchsanstalt (heute Sachsenberg-Bau). 1931 konnte die Hochspannungshalle (heute Binder-Bau) in Betrieb genommen werden. In der Zeit des Nationalsozialismus entstand 1939 als einziger Neubau der Jante-Bau für das Institut für Kraftfahr- und Flugwesen an der George-Bähr-Straße, das als »kriegswichtig« eingestuft wurde. Der einfache Klinkerbau stellte eine architektonische Verbindung zu den benachbarten Gebäuden her; die erst 1944 fertiggestellten Versuchshallen des Instituts wurden jedoch durch Kriegseinwirkung stark beschädigt.

Den Bombenangriffen am 13. und 14. Februar 1945 fielen zudem vollständig der Hochschulkomplex am Bismarckplatz und das Pädagogische Institut am Weberplatz zum Opfer. Die meisten Gebäude auf dem heutigen Campus trugen schwere Schäden davon. Mit Kriegsende waren rund 85 Prozent der Gebäude und Anlagen der Hochschule beschädigt oder zerstört. Ende April 1945 musste der Lehr- und Forschungsbetrieb gänzlich eingestellt werden.

Beyer-Bau

Das Bauingenieurgebäude an der George-Bähr-Straße wurde 1913 eingeweiht. Es ist Teil des ersten Bauabschnitts eines von Martin Dülfer entworfenen monumentalen Gebäudekomplexes, der, ebenso wie sein Gesamtbebauungsplan für die TH Dresden, durch den Ausbruch des Ersten Weltkriegs nicht verwirklicht werden konnte. Von Zeitgenossen als »Kathedrale der Technik« gerühmt, gilt der Beyer-Bau mit seinem 40 Meter hohen Turm bis heute als weithin sichtbares Wahrzeichen der TU Dresden. Neben der Bauingenieurabteilung wurden hier das Geodätische Institut und das Wissenschaftlich-Photographische Institut mit der Hermann-Krone-Sammlung untergebracht sowie im Sockelgeschoss ein modernes Wasserbaulaboratorium, das 1939 nach Hubert Engels benannt wurde. Dülfer orientierte sich mit den strukturierten Klinkerfassaden, dem abgesetzten Sandstein und den Sichtbetonflächen an den Bauten Karl Weißbachs, blieb jedoch in Detailreichtum und Ornamentik dem Jugendstil verhaftet.

Besonderen Wert legte Dülfer auf die hochwertige Ausgestaltung des Gebäudeinnenraums sowie auf ein einheitliches Farb- und Materialkonzept. Die Lampen wurden nach seinen eigenen Entwürfen umgesetzt, Türen und Einbauschränke sind in hochwertigem dunklen Holz gehalten; der Sichtbeton der Treppenhäuser wurde industriell vorgefertigt und plastisch gestaltet. Benannt nach dem ersten Vorsteher der Bildungsanstalt, befinden sich im Lohrmann-Observatorium im Turm das große Linsenfernrohr und die Sammlung astronomisch-geodätischer Instrumente. 1945 wurden Dachgeschoss und Turm zerstört, das Gebäude selbst blieb jedoch weitgehend intakt, sodass ab 1946 der Lehrbetrieb wieder aufgenommen werden konnte. 1953 erfolgte die Benennung nach Kurt Beyer.

Das Gebäude wird seit 2018 vollständig saniert und soll ab 2024 wieder die Fakultät Bauingenieurwesen sowie Teile des Instituts für Planetare Geodäsie beherbergen. Der Turm soll weitgehend in seiner ursprünglichen Form rekonstruiert werden. Geplant ist auch die Einrichtung eines modernen Zeiss-Planetariums. Das ehemals hier untergebrachte Wissenschaftlich-Photographische Institut (heute Dresden Integrated Center for Applied Physics and Photonic Materials) konnte 2017 mit dem Hermann-Krone-Bau ein eigenes Gebäude beziehen.

KURT BEYER
27.12.1881 – 9.5.1952

Kurt Beyer studierte Bauingenieurwesen an der TH Dresden und promovierte 1907. Von 1908 bis 1913 war er als Bauingenieur in Siam (heute Thailand) tätig. 1914 legte er die zweite Staatsprüfung ab und wurde Regierungsbaumeister in der sächsischen Wasserbauverwaltung. Während des Ersten Weltkriegs meldete er sich als Freiwilliger und war zuletzt bei der deutschen Feldeisenbahn in der Türkei.

1919 berief die TH Dresden Beyer auf die Professur für Statik der Baukonstruktion und Technische Mechanik. Von 1923 bis 1927 entstand sein bedeutendstes Werk »Die Statik im Eisenbetonbau«. Um den Bezug zur Praxis zu halten, gründete Beyer 1927 ein Ingenieurbüro. Unter seiner Leitung entstanden Abraumförderbrücken sowie Stahl- und Stahlbetonbauten für die Braunkohleverarbeitung. Ebenso war er verantwortlich für verschiedene Brückenbauprojekte und beteiligte sich am Bau mehrerer Wasserkraftanlagen.

Nach Ende des Zweiten Weltkriegs wirkte Beyer an der provisorischen Wiederherstellung der Brücken in Dresden mit. Schließlich wurde er mit der Leitung der Hauptabteilung Bauwesen des Landes Sachsen betraut. Nach der Wiedereröffnung der TH Dresden übernahm Beyer erneut seine Professur.

Fritz-Foerster-Bau

Die Gebäude der chemischen Institute, bestehend aus Fritz-Foerster-, Erich-Müller- und König-Bau, wurden als einheitliches architektonisches Ensemble von Martin Dülfer entworfen und 1926 eingeweiht. Im Gegensatz zum Beyer-Bau, der als erstes Gebäude Dülfers noch im Rahmen seines Masterplans für den Campus entstand, konnten die Chemiegebäude aufgrund fehlender Finanzmittel nur in deutlich vereinfachter Form umgesetzt werden. Der Fritz-Foerster-Bau bildet den Kopfbau der Dreiflügelanlage, die sich zum Campus auf einen begrünten Innenhof öffnet und terrassenförmig zur Mommsenstraße ansteigt.

Die Fassade ist, angelehnt an die Vorgängerbauten, von einem rotbraunen Klinkermauerwerk geprägt. Sie wird vertikal durch Lisenen gegliedert; die Fensterstürze sind aus Betonwerkstein gestaltet. Der klare neoklassizistische Stil ist durch dezente ornamentale Details akzentuiert. Ursprünglich als freistehendes Gebäude geplant, erinnert das Hauptgebäude mit seinem Dreiecksgiebel und der vertikalen Gliederung an das 1911 erbaute Festspielhaus Hellerau von dem Reformarchitekten Heinrich Tessenow (1876 – 1950). Der große Hörsaal für anorganische Chemie war mit 500 Plätzen der größte Vorlesungssaal Dresdens.

Architektonisch ein bedeutendes Bauwerk, steht der Fritz-Foerster-Bau unter Denkmalschutz und war, nicht zuletzt wegen seines guten Erhaltungszustands und der vorzüglichen historischen Bausubstanz, als besonders erhaltenswertes Kulturdenkmal gelistet. Allerdings wurde das Gebäude im Rahmen einer Schadstoffsanierung ab 2010 weitgehend entkernt. Der große Hörsaal – samt historischem Interieur und den eingebauten Sammlungsschränken – konnte nicht erhalten werden. Zunächst als neue Heimat für die Fakultät Architektur vorgesehen, wird das Gebäude nun für die Nutzung durch die Universitätsverwaltung umgebaut. Anlässlich des 100. Geburtstags von Fritz Foerster im Jahr 1966 erhielt das Gebäude seinen bestehenden Namen.

FRITZ FOERSTER
22.2.1866 – 14.9.1931

Bereits während des Chemiestudiums in Berlin wurde Fritz Foerster Assistent im Laboratorium seines Lehrers Wilhelm von Hofmann. Kurz vor seiner Promotion 1888 wechselte er an die Physikalisch-Technische Reichsanstalt, in deren chemischer Abteilung er mit der Analyse von Metalllegierungen und Gläsern betraut wurde. Er habilitierte sich 1894 an der TH Charlottenburg.

Walther Hempel holte Foerster 1895 als Assistent an die TH Dresden. Dieser weitete sein Forschungsgebiet auf die Elektrochemie aus und wurde wenige Jahre später zum Professor für Elektrochemie, physikalische Chemie und Elektrometallurgie ernannt. 1900 wurden ein Institut für Elektrochemie eingerichtet und Foerster das Ordinariat übertragen. Dank seiner engen Beziehungen zur chemischen Industrie gelang Foerster in Forschung und Lehre die Verknüpfung neuester wissenschaftlicher Erkenntnisse mit praktischen Fragen der technischen Verfahren. 1912 übernahm Foerster als Nachfolger von Hempel das Ordinariat für anorganische und anorganisch-technische Chemie. Sein Arbeitsschwerpunkt verschob sich nun zur Brennstoffchemie, insbesondere zur Untersuchung der sächsischen Steinkohle.

Erich-Müller-Bau

Das Gebäude der Elektrochemie bildet das Pendant zum gegenüberliegenden König-Bau. Beide stellen symmetrisch angeordnete Abschlüsse des von Martin Dülfer geschaffenen Komplexes der chemischen Institute dar. Die Benennung des zunächst eher schmucklos wirkenden Erich-Müller-Baus erfolgte 1954. Die farbigen, geometrisch gestalteten Bleiverglasungen mit den erhaltenen Originalbeschlägen aus der Erbauungszeit tragen zum qualitativ hochwertigen Erscheinungsbild des Gebäudes bei. Auch hier wird die gestaltende Hand Dülfers sichtbar. Charakteristisch ist heute der vorspringende Eingangsbereich mit einem stark durchfensterten Holzobergeschoss und einem Klinkerunterbau. Die Raumaufteilung mit zwei großzügigen Laboratorien und einem Hörsaal für 100 Personen sowie die technische Ausstattung des Gebäudes wurden nach den Vorstellungen von Erich Müller gestaltet. Nach dem Krieg wurde auf den ursprünglich dreigeschossigen Stahlbetonbau ein weiteres Geschoss mit Schieferverkleidung aufgesetzt, um dem eklatanten Raummangel der Hochschule entgegenzutreten. Im Gegensatz zum König-Bau wurde der historische Hörsaal in den 1960er-Jahren überformt und ist nicht in seiner ursprünglichen Ausführung erhalten.

ERICH MÜLLER
17.2.1870 – 15.11.1948

Nach dem Chemiestudium promovierte Erich Müller 1895 an der Universität Berlin. Es folgte eine mehrjährige Studienreise mit praktischer Tätigkeit in der chemischen Industrie in Deutschland und Großbritannien, bevor er 1900 eine Stelle als Assistent am Institut für Elektrochemie der TH Dresden erhielt. Hier habilitierte er sich 1900 und wurde 1903 zum außerordentlichen Professor ernannt. In Zusammenarbeit mit einem chemischen Unternehmen entwickelte er ein Verfahren zur Gewinnung von Hypochlorit und Chlorat. Es folgten 1904 ein Ruf an die TH Braunschweig und 1906 an die TH Stuttgart, bevor Müller 1912 die Professur und das Institut für Elektrochemie der TH Dresden von seinem Lehrer Fritz Foerster übernahm.

Unterbrochen durch den Einsatz im Ersten Weltkrieg widmete sich Müller insbesondere der Weiterentwicklung des Praktikums für Elektrochemie und Physikalische Chemie. Müllers Ruf als Lehrer zog viele Schüler an die TH Dresden; mehr als 166 Dissertationen und Habilitationen entstanden unter seiner Leitung. Als besondere wissenschaftliche Leistung gilt Müllers Beitrag zur Theorie der Verchromung.

KONIG-BAU

König-Bau

Als Teil des Ensembles der chemischen Institute von Martin Dülfer wurde das Gebäude 1926 als Laboratorium für Farben- und Textilchemie errichtet. Es erhielt Forschungslaboratorien für die Farbstoffsynthese und ein textilchemisches Laboratorium. Neben den Unterrichts- und Laborräumen verfügt der Bau über einen zweigeschossigen Sammlungsraum mit eingebauten lichtdichten Schränken, der direkt an das Vorbereitungszimmer für die Vorlesung und den Hörsaal anschließt. Zusammen mit dem Labor Walter Königs und den zahlreichen – im Originalzustand erhaltenen – Gestaltungselementen im Innenbereich bilden diese ein einzigartiges Ensemble innerhalb der deutschen Universitätslandschaft. Die hier untergebrachte, überregional höchst bedeutende Farbstoffsammlung der TU Dresden umfasst über 20 000 natürliche und synthetische Farbstoffe, seltene Farbmusterkarten und Abschlussarbeiten samt Farbproben, die bis in die 1830er-Jahre zurückgehen und in ihrer Art im europäischen Raum solitär sind.

Das Gebäude wurde 1945 zwar durch Luftangriffe in den oberen Geschossen stark beschädigt, die Räume der Farbstoffsammlung und das herausragende historische Interieur blieben jedoch erhalten. Ab 1949 konnte der Lehrbetrieb wieder aufgenommen werden. Die Verleihung des Namens erfolgte 1953 anlässlich des 75. Geburtstags, des 50-jährigen Doktorjubiläums und des 40-jährigen Dienstjubiläums von Walter König. Das Gebäude soll in den nächsten Jahren denkmalgerecht saniert werden. Dabei stehen der Erhalt des einzig verbliebenen historischen Hörsaals der chemischen Institute und der Räume der Farbstoffsammlung als Verweis auf die bedeutende Geschichte der Technischen Universität im Vordergrund. Die zukünftige Planung sieht die Nutzung des König-Baus als zentrales Ausstellungs- und Sammlungsgebäude vor.

WALTER KÖNIG
26.9.1878 – 2.2.1964

Walter König begann sein Chemiestudium in Leipzig, wechselte nach einem Semester an die TH Dresden und schloss dieses hier 1902 mit einem Diplom ab. Als Assistent am Organisch-Chemischen Institut promovierte er 1903. Er habilitierte sich 1906 mit einer Arbeit zur Synthese der Polymethin-Farbstoffe, die sich durch hohe Leuchtkraft auszeichnen und als Sensibilisatoren in der Farbfotografie praktische Bedeutung erlangen sollten. Anschließend ließ er sich beurlauben, um seine Forschung in der Farbenfabrik Friedrich Bayer & Co in Elberfeld fortzuführen.

1908 kehrte König als Privatdozent an die TH Dresden zurück und wurde 1913 zum Professor für Farbenchemie und Färbereitechnik berufen. Er baute die Farbstoffforschung an der TH Dresden wesentlich aus und entwickelte dazu auch die von seinen Vorgängern übernommene Sammlung weiter. 1926 konnte er ein vorbildlich eingerichtetes neues Institutsgebäude beziehen. 1945 wurde er wegen seiner NSDAP-Mitgliedschaft zunächst vom Lehrbetrieb suspendiert und übernahm eine Stelle in einem pharmazeutischen Unternehmen, konnte aber 1948 auf seinen Lehrstuhl zurückkehren.

Sachsenberg-Bau

Der Sachsenberg-Bau besteht aus zwei unterschiedlichen Gebäudeteilen nördlich des Kutzbach-Baus und verbindet sich mit diesem zu einem heterogenen Baukörper. Der ältere westliche Teil ist ein in den Jahren 1902/03 von Karl Weißbach errichteter eingeschossiger Seitenflügel der Mechanisch-Technischen Versuchsanstalt (heute Berndt-Bau). Die Versuchshalle beherbergte die Einrichtungen zur Getriebeprüfung sowie eine Maschinenwerkstatt. Geprägt wird das Gebäude aber durch den um 1930 von Walther Heise entworfenen östlichen Erweiterungsbau. Hier wechseln sich Klinkerpfeiler mit hell verputzen großen Fensterflächen ab, die stilistisch am Industriebau angelehnt sind. Der bauliche Gesamteindruck fügt sich harmonisch in das Gestaltungsbild der vorhandenen Weißbach'schen Bauten ein, setzt aber auch moderne Akzente. Der Gebäudeteil wurde als Versuchshalle für das von dem Betriebswissenschaftler Ewald Sachsenberg etablierte Institut für Werkzeugmaschinenuntersuchung und Fertigungsverfahren konzipiert.

Die im Krieg stark beschädigte Weißbach'sche Versuchshalle wurde Anfang der 1950er-Jahre rekonstruiert und mit einem Satteldach versehen, lässt aber nur an wenigen Fenstern mit Schlusssteinen aus Sandstein ihre ursprüngliche Gestaltung erkennen. Der Erweiterungsbau von Heise überstand dagegen den Krieg weitgehend unbeschadet und prägt das heutige Erscheinungsbild. Der Bau beherbergt bis heute Versuchsfelder und Werkstätten der Fakultät Maschinenwesen. Die Gebäudebenennung erfolgte am 4. Mai 1996 anlässlich des 75. Jubiläums der Berufung Ewald Sachsenbergs auf den Dresdner Lehrstuhl für Betriebswissenschaften.

EWALD SACHSENBERG
16.6.1877 – 14.7.1946

Ewald Sachsenberg studierte Schiffs- und Maschinenbau an der TH Charlottenburg und war anschließend ab 1904 in der Germaniawerft in Kiel tätig. Nach seiner Promotion an der TH Charlottenburg 1907 und einem Arbeits- und Studienaufenthalt in Großbritannien wirkte Sachsenberg als Prokurist, Technischer Leiter und Betriebsleiter in verschiedenen Industrieunternehmen. 1920 habilitierte er sich an der TH Berlin und lehrte als Privatdozent für Werftorganisation und Werftbetriebsverfahren.

1921 berief die TH Dresden Sachsenberg auf den Lehrstuhl für Allgemeine Mechanische Technologie, Fertigungslehre und Betriebswissenschaften. Zum systematischen Aufbau der Betriebswissenschaften an der TH Dresden in der Ära Sachsenberg zählen der Aufbau einer entsprechenden Sammlung, die Gründung eines Instituts für Psychotechnik im Jahr 1922 sowie eines Instituts für Werkzeugmaschinenuntersuchung und Fertigungsverfahren im Folgejahr und die Einrichtung entsprechender Prüffelder, insbesondere des Verpackungsprüffelds 1928. Seine oppositionelle Haltung zu den Nationalsozialisten führte 1939 zur Beurlaubung und 1940 zur vorzeitigen Abberufung als Hochschullehrer.

WALTER-FRENZEL-BAU

Walter-Frenzel-Bau

Im Jahr 1929 entwarf der Architekt Walther Heise in Ergänzung zu dem Ensemble Zeuner- und Mollier-Bau eine Textilmaschinenhalle. Dabei handelt es sich um einen schlichten Zweckbau aus verfugtem roten Klinkermauerwerk, der sich äußerlich an das Erscheinungsbild der ursprünglichen Weißbach'schen Hochschulbauten anpasst und dennoch vorsichtig moderne Stielelemente aufgreift. Für ausreichend Licht in der Halle sorgt das der Fabrikarchitektur des 19. Jahrhunderts entlehnte Sheddach.

Im Juni 1931 wurde die damals noch namenlose Halle mit modernsten Spinn- und Webmaschinen ausgestattet, als Textilmaschinenlaboratorium dem Institut für Textil- und Papiertechnik offiziell zur Nutzung übergeben und im Februar 1945 fast vollständig zerstört. Walter Frenzel veranlasste nach dem Krieg den Wiederaufbau des Gebäudes und die Instandsetzung der Maschinen, sodass die Funktionsfähigkeit Anfang der 1950er-Jahre wiederhergestellt war. Unter Frenzel entstand in der Zeit auch das neue Institutsgebäude in der Hohen Straße 6. Eine Initiative zur Benennung dieses Gebäudes nach Frenzel in den 1970er-Jahren scheiterte, vermutlich wegen der Übersiedlung des Emeritus nach West-Berlin. Anlässlich des 70-jährigen Jubiläums des Instituts für Textil- und Bekleidungstechnik erhielt die Halle am 25. Juni 1996 den Namen Walter-Frenzel-Bau. Eine zweite Textilmaschinenhalle hinter dem Jante-Bau wurde im Jahr 2000 für das Institut errichtet. Bis heute werden beide Hallen vom Institut für Textilmaschinen und Textile Hochleistungswerkstofftechnik genutzt.

WALTER FRENZEL
29.9.1884 – 14.10.1970

Schon als Student an der TH Dresden entwickelte Walter Frenzel sein Interesse für die Textiltechnik. Nach kurzer Tätigkeit an der TH Hannover wurde er Assistent an der TH Dresden und promovierte 1912 mit einer Arbeit über die Gasdurchlässigkeit von Ballonstoffen. Während der folgenden Jahre war er in der Industrie tätig; längere Zeit in leitender Stellung in holländischen und belgischen Unternehmen. Ab 1925 baute er das Faserforschungsinstitut der TH Delft auf.

1932 wurde Frenzel Direktor der Textilschule in Chemnitz, musste aber 1942 wegen seiner Weigerung, der NSDAP beizutreten, das Amt abgeben. 1946 kehrte Frenzel nach Dresden zurück und wurde ein Jahr später auf die Professur für Textiltechnik berufen. Zusätzlich übernahm er 1949 die Leitung des Instituts für Technologie der Fasern der Deutschen Akademie der Wissenschaften. In den 1950er-Jahren leistete er grundlegende Beiträge zum Textilmaschinenbau, zur Verbesserung technischer Gewebe und zu Prüf- und Messmethoden auf dem Gebiet der Textiltechnik.

SIEMENS

Binder-Bau

Der Binder-Bau bildet mit dem Toepler-Bau entlang der Mommsenstraße eine bauliche Einheit. Kernstück des Binder-Baus ist die Hochspannungshalle, die zwischen 1928 und 1931 nach Plänen von Ludwig Binder errichtet wurde. Mit einer Länge von 45 Metern und einer Höhe von 18 Metern war die damals nach modernsten Ideen gestaltete Stahlskelettkonstruktion die bis dato größte Hochspannungshalle Europas. Die Halle sollte sich an der Ost-, West- und Südseite in die daran angrenzenden Gebäude integrieren lassen. Im lichten Innenraum durften keinerlei störende Wände oder Pfeiler verbaut werden. Tageslichteinfall wurde über ein großes Oberlicht hergestellt, das komplett verdunkelt werden konnte. An zwei Hallenseiten wurde in zwölf Metern Höhe ein über zwei Wendeltreppen erreichbarer umlaufender Gang eingebaut, von dem aus Versuche gefahrlos beobachtet werden konnten. Um nach außen dringende elektrische Ströme zu verhindern, wurde Drahtgewebe in den Wänden verarbeitet. Das Labor war vornehmlich für Großversuche ausgelegt. Es verfügte bereits 1933 über zwei 1000-Kilovolt-Wechselspannungsprüfanlagen.

Im Zweiten Weltkrieg ebenfalls stark zerstört, wurde die Halle bis 1953 rekonstruiert und um Spezialwerkstätten an den Seiten erweitert. 1956 folgte der Anbau einer verglasten Kanzel zur Beobachtung von Versuchen auf dem dahinterliegenden Freigelände. Anlässlich der 125-Jahr-Feier der TH Dresden 1953 erfolgte die Benennung des Gebäudes in Binder-Bau. Ab 1989 wurden die Versuchshalle sowie alle Büros und Werkstätten umfangreich modernisiert. Das Hochspannungslabor dient bis heute für Versuchsreihen zur Hochspannungsprüfung technischer Anlagen der Professur für Hochspannungs- und Hochstromtechnik. Die imposante Halle mit ihrer besonderen Atmosphäre wird nicht zuletzt wegen ihrer futuristisch anmutenden Versuchsinstrumente regelmäßig für kulturelle Veranstaltungen und Führungen angefragt und gilt als einzigartiges Bauwerk.

LUDWIG BINDER
26.5.1881 – 12.9.1958

Ludwig Binder schloss sein Studium der Elektrotechnik an der TH München 1904 ab. Anschließend war er bis 1919 bei den Siemens-Schuckertwerken in Berlin tätig, zuletzt als Vorstand des Prüf- und Versuchsfeldes im Hochspannungswesen. Er promovierte 1911 an der TH München zum Wärmeübergang von Elektromaschinen auf Luft.

1919 übernahm Binder eine Professur an der TH Darmstadt, wechselte aber noch im gleichen Jahr auf die Professur für Elektromaschinenbau und Hochspannungstechnik an die TH Dresden. Bereits in Berlin hatte er die Ausbreitung elektromagnetischer Wellen längs elektrischer Leitungen untersucht und zu deren Messung die sogenannte Binder-Schleife entwickelt. 1928 wurde Binder Direktor des Instituts für Elektromaschinenbau und elektrische Anlagen und konnte 1930 die neue Hochspannungsversuchshalle in Betrieb nehmen.

Kurz vor Kriegsende gab Ludwig Binder aus gesundheitlichen Gründen seine Ämter ab, übernahm aber 1946 erneut die Professur für Starkstromtechnik und baute die schwer beschädigte Hochspannungsversuchshalle wieder auf.

JANTE-BAU
JANTE-BAU

Jante-Bau

Das 1939 durch Walther Heise errichtete Gebäude des Instituts für Kraftfahrwesen an der George-Bähr-Straße fügt sich mit seiner Backsteinfassade harmonisch in das Kerngelände der TU Dresden ein. Dabei wurden Material und Stilelemente der bereits bestehenden Klinkerbauten von Karl Weißbach und Martin Dülfer aufgenommen und in eine sachliche Formensprache übersetzt. Der Beginn des Zweiten Weltkriegs verzögerte die Fertigstellung der Werkstattgebäude und der Prüfstände. Die Arbeiten wurden jedoch an dem als »kriegswichtig« eingestuften Institut zügig weitergeführt. So konnten die Hallenbauten bis 1944 fertiggestellt werden. Große Teile des neuen Institutsgebäudes wurden dann allerdings bei der Bombardierung 1945 zerstört, der Lehrbetrieb konnte im Januar 1948 wieder aufgenommen werden. Die Treppe des Eingangsbereichs flankierten um 1940 zwei überdimensionale Heldenfiguren des Dresdner Künstlers Max Hermann Fritz (1873 – 1948), die allegorisch Eisenbahn- und Straßenverkehr darstellen sollten und nach 1945 entfernt wurden. Im Jante-Bau befindet sich heute die umfangreiche Sammlung von Verbrennungsmotoren und Kraftfahrzeugtechnik, zu der auch ein außergewöhnlich gut erhaltener und funktionstüchtiger Oldtimer, ein Oldsmobile Curved Dash von 1903, gehört. 2012 erfolgte eine umfassende Brandschutzsanierung des Gebäudes, bei der das Dachgeschoss neu gestaltet und eine zweite Treppe eingebaut wurden. Anlässlich des 85. Geburtstags von Alfred Jante und des 75-jährigen Institutsjubiläums erhielt das Gebäude 1993 den Namen Jante-Bau. Es beheimatet bis heute das Institut für Automobiltechnik (IAD) der Fakultät Verkehrswissenschaften »Friedrich List«.

ALFRED JANTE
3.6.1908 – 26.3.1985

Alfred Jante studierte nach einer abgeschlossenen Lehre als Kraftfahrzeugschlosser an der Staatlichen Ingenieurschule Aachen. Anschließend war er als wissenschaftlicher Mitarbeiter im Maschinenbaulaboratorium der TH Aachen tätig. In dieser Zeit entwickelte er das nach ihm benannte Diagramm zur Darstellung des Fahrzustands von Kraftfahrzeugen. Von 1933 bis 1945 war er als Ingenieur bei der Humboldt-Deutzmotoren AG tätig. Seine Arbeiten auf dem Gebiet der Entwicklung von Dieselmotoren führten zu zahlreichen Patenten.

Nach 1945 arbeitete er in verschiedenen Positionen in Leipzig, bevor die Landesregierung Sachsen ihn 1947 zum Leiter der Verkehrsabteilung Dresden ernannte. 1948 folgte der Ruf als Professor und Direktor des Instituts für Kraftfahrzeugwesen an die TH Dresden. Jante baute das zerstörte Institut wieder auf und forschte mit großem Erfolg auf dem gesamten Gebiet der Verbrennungsmotoren und der KFZ-Technik. Als herausragender akademischer Lehrer prägte Jante die Kraftfahrzeugentwicklung in der DDR.

Wiederaufbau und Stagnation

Flächennutzungsplan von Richard Konwiarz, 1949

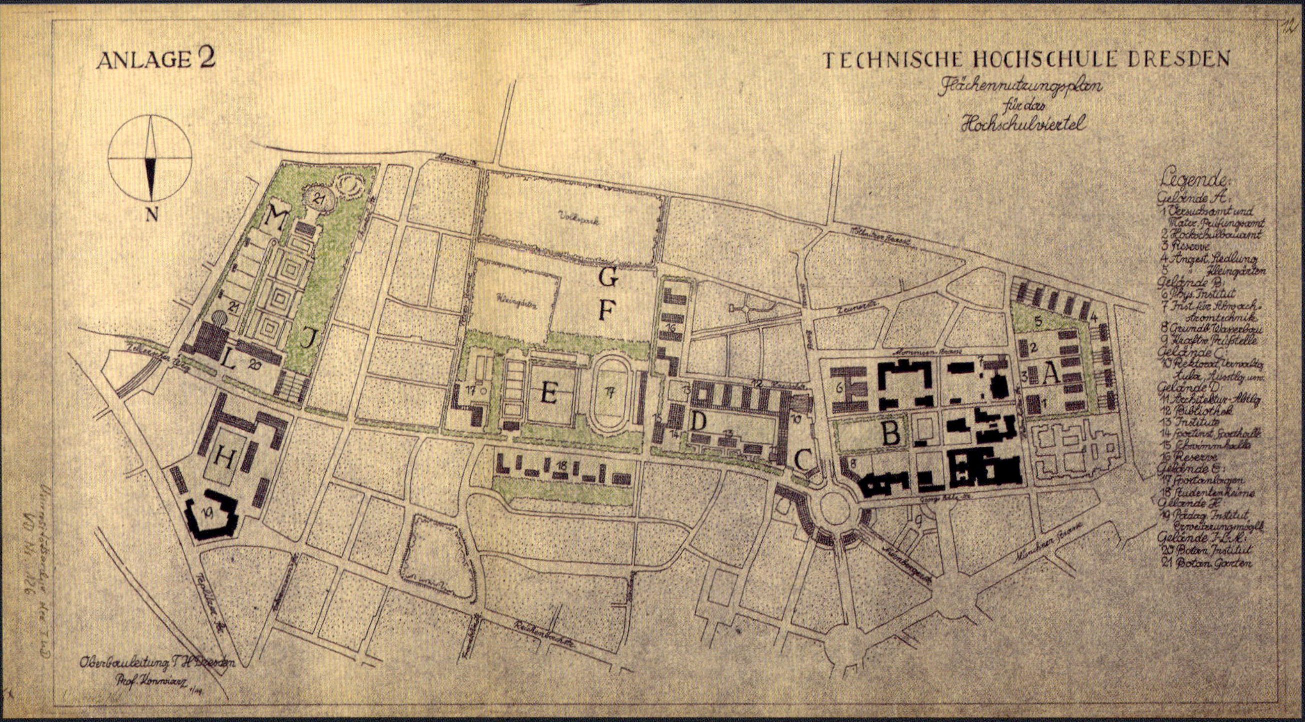

Der zerstörte
Görges-Bau, 1945

Trümmerbeseitigung und
Wiederaufbau, vor 1950

Mit dem Einmarsch der Roten Armee in Dresden am 8. Mai 1945 war auch für die TH Dresden der Krieg zu Ende, doch 85 Prozent der Gebäude waren beschädigt oder zerstört. Noch im gleichen Monat begannen Hochschulangehörige mit Aufräumarbeiten und provisorischen Reparaturen. Studierende, Belegschaft und Professoren leisteten gemeinsam in den kommenden Jahren Tausende freiwillige Arbeitsstunden, um den Schutt zu beräumen und die Hochschule wieder in Betrieb zu nehmen. Im Juli 1945 wurde Enno Heidebroek (1876 – 1955) zum ersten Nachkriegsrektor gewählt. Diese Wahl wurde durch die sowjetische Besatzungsmacht bestätigt.
In einzelnen Instituten begannen Mitarbeiter bereits, meist im Auftrag sowjetischer Stellen, mit der Arbeit an Forschungsprojekten. Andererseits blieb die erhaltene Ausrüstung der Hochschule nicht von der Demontage verschont. Am 18. September 1946 erfolgte die offizielle Wiedereröffnung, und am 21. Oktober begann der Lehrbetrieb. Bis Herbst 1949 waren die Instandsetzungsarbeiten weitgehend abgeschlossen.

Richard Konwiarz (1883 – 1960), der 1947 auf die Professur für Städtebau an der TH Dresden berufen worden war, legte 1948 ein Bauprogramm und

Die Neubauten am Zelleschen Weg, Kohlezeichnung von Heinrich Röcke (Büro Walter Henn), 1952

einen Raumentwicklungsplan für den Campus vor. Die Bebauungspläne wurden ab 1949 zunächst kommissarisch von Walter Henn (1912 – 2006) und später von Konwiarz' Nachfolger Georg Funk (1901 – 1990) weiterentwickelt. Ein Wiederaufbau der völlig zerstörten »Alten Hochschule« am Bismarckplatz wurde offenbar von Anfang an verworfen, vielmehr eine Erweiterung des bestehenden Campus östlich der Bergstraße und westlich der Helmholtzstraße angestrebt. Die ersten Neubauten entwarfen die Architekten Karl Wilhelm Ochs (1896 – 1968), Walter Henn und Heinrich Rettig (1900 – 1974), die alle als Hochschullehrer an der TH wirkten. Obwohl Ochs, Henn und Rettig die einzelnen Gebäude unabhängig planten, fanden sie doch eine gemeinsame Formensprache. Ochs realisierte 1950/51 als erstes einen Flügel des Barkhausen-Instituts, Henn den südlichen Teil des späteren Trefftz-Baus mit dem neuen Physikhörsaal und Rettig das Internat der Arbeiter- und Bauern-Fakultät (ABF), die 1949 an der TH Dresden etabliert worden war. Diese Gebäude sind sachlich und in ihrer Geradlinigkeit ausgewogen, eine zurückhaltende Moderne in der Tradition des material- und werkgerechten Bauens. Die neue Architektur erregte Missfallen in Berlin, die ABF wurde vom Präsidenten der Akademie für Baukunst, Kurt Liebknecht, als »Schnitterkaserne« herabgewürdigt, die einem Arbeiter- und Bauernstaat nicht würdig sei. Die Architekten mussten nun erhebliche Eingriffe in die Gestaltung hinnehmen oder durch Aufnahme barocker oder klassizistischer Stilelemente der Doktrin einer »nationalen Baukunst« Rechnung tragen. Wohl auch deshalb nahm Ochs 1953 den Ruf an die TH Berlin und Henn im gleichen Jahr den Ruf an die TH Braunschweig an, während Rettig die bereits begonnenen Bauvorhaben fortführte. 1965 vollendete er mit der Fertigstellung des heutigen Schönfeld-Hörsaals sowie des Antennenturms am Barkhausen-Bau das gemeinsam begonnene Werk. Neue architektonische Akzente setzten ab Mitte der 1950er-Jahre der Kutzbach-Bau von Walter Heinz Schrödel, der Walther-Hempel-Bau und der Heidebroek-Bau von Fritz Schaarschmidt (1901 – 1970) sowie der Andreas-Schubert-Bau vom Architektenkollektiv Helmut Fischer und Heinz Stoll. Sie markieren eine Abkehr von der sogenannten nationalen Baukunst und den Beginn des industrialisierten Bauens.

Baustelle des Physikalischen Instituts, um 1955

Der Campus erhielt aber nicht nur durch die Architektur ein neues Gesicht. Werner Bauch (1902–1983), seit 1952 Professor für Garten- und Landschaftsbau, prägte die Freiraumgestaltung der Hochschule. So entwarf er den Senkgarten neben dem Barkhausen-Bau, die Gartengestaltung zwischen Willers- und Recknagel-Bau oder auch die Gartenanlage vor dem Hülsse-Bau. Künstler wurden beauftragt, für den Freiraum Plastiken zu schaffen, wie den »Jüngling mit Fisch« von August Streitmüller (1871–1958) vor dem Barkhausen-Bau oder den »Hockenden Bär« im Garten der Mensa von Viktoria Krüger (1914–2010). Ab 1952 wurden ein bis zwei Prozent der Bausumme für baugebundene Kunstwerke reserviert. Das Selbstverständnis der jungen Republik zur Gestaltung einer besseren Zukunft sollte auch auf dem Campus der Hochschule einen sichtbaren Ausdruck finden.

Die TH Dresden war die einzige große technische Hochschule auf dem Gebiet der DDR, und die hier ausgebildeten Ingenieure waren für den Aufbau des sozialistischen Staates von zentraler Bedeutung. Bis Mitte der 1960er-Jahre wurden etwa 140 Millionen Mark in mehr als ein Dutzend Neubauten investiert. Eine vergleichbar umfassende Förderung des Hochschulausbaus hat in dieser Zeit keine andere Universität in der DDR erhalten. Sichtbares Zeichen der gewachsenen Bedeutung der Hochschule war 1961 ihre Umbenennung in Technische Universität. Mit dem Auslaufen des Siebenjahresplans von 1959 bis 1965 wurden jedoch die Investitionen in die Forschungs- und Lehrinfrastruktur der TU Dresden so gut wie eingestellt, obwohl die Universitätsleitung weiter einen erheblichen Investitionsbedarf, unter anderem für die chemische Verfahrenstechnik und die Elektronik, anmeldete. Die 1974 fertiggestellte Otto-Mohr-Halle konnte nur dank erheblicher freiwilliger Arbeitsleistung zahlreicher Mitarbeiter und Studierender realisiert werden. Das 1983 fertiggestellte Technikum Mikroelektronik (heute Mierdel-Bau) war der einzige größere Laborneubau dieser Zeit. In den 1970er- und 1980er-Jahren entstanden allerdings im Umfeld des Campus noch zahlreiche Wohnheime für Studierende sowie, als markante Landmarke am Fritz-Foerster-Platz, die Neue Mensa.

HEINRICH BARKHAUSEN
2.12.1881 – 20.2.1956

Nach dem Physikstudium promovierte Heinrich Barkhausen 1906 in Göttingen mit einer Arbeit über elektrische Schwingungen. Anschließend war er bei der Siemens & Halske AG tätig und habilitierte sich 1910 an der TH Charlottenburg. 1911 wurde Barkhausen auf eine Professur an die TH Dresden berufen, um ein Institut für Schwachstromtechnik aufzubauen.

Während des Ersten Weltkriegs wurde Barkhausen nach kurzem Fronteinsatz 1915 zur Torpedo-Inspektion in Kiel versetzt. Hier entdeckte er 1917 die Ummagnetisierungssprünge des Eisens, den Barkhausen-Effekt. Im selben Jahr gelang ihm mit seinem Mitarbeiter Karl Kurz (1861–1960) die Erzeugung kurzer elektrischer Schwingungen mithilfe einer Röhre, die Barkhausen-Kurz-Schwingung.

1918 kehrte Barkhausen an die TH Dresden zurück. Sein vierbändiges »Lehrbuch der Elektronenröhre« wurde als Standardwerk in zahlreiche Sprachen übersetzt. Seine japanischen Studenten organisierten für ihren akademischen Lehrer 1938 eine ausgedehnte Vortragsreise durch Japan. Trotz der weitgehenden Zerstörung des Instituts im Februar 1945 nahm Barkhausen bereits 1946 die Lehrtätigkeit wieder auf.

Barkhausen-Bau

Karl Wilhelm Ochs schuf mit dem Barkhausen-Bau einen Prototyp, dessen Gestaltungselemente charakteristisch für zahlreiche Folgebauten werden sollten. Der zur Helmholtzstraße leicht verdrehte zweigeschossige Flügel mit schlichter Lochfassade und blauem Schiefersatteldach wird durchbrochen von einer asymmetrisch angeordneten gläsernen Eingangsachse. Die Fenster sind dreigeteilt, mit breitem Mittelteil und mittigem Kämpfer. Die Fensterrahmen sind akzentuiert durch schmale farbige Leisten. Dieser Fenstertyp wurde, mit unterschiedlicher Farbfassung der Leisten, zum wiederkehrenden Merkmal der Bauten von Ochs auf dem Campus.

Das 1950/51 errichtete Gebäude war speziell für die Bedürfnisse des von Heinrich Barkhausen geleiteten Instituts für Schwachstromtechnik geplant. Im linken Teil des Frontflügels waren zwei Hörsäle untergebracht, im rechten Teil Praktikumsräume. Das mit einem Geländer versehene Flachdach der Eingangsachse war für die Antennenanlage vorgesehen. Als zweiter Bauabschnitt folgte ein Verbindungsflügel mit Büros in der Verlängerung der Eingangsachse, an den eine u-förmige Dreiflügelanlage als dritter Bauabschnitt, von nun an unter Leitung von Heinrich Rettig, angeschlossen wurde. In einem vierten Bauabschnitt wurde nach 15 Jahren Bauzeit das Projekt mit einem neuen Antennenturm am Westflügel, einem schmalen Südflügel sowie dem großen Hörsaalbau, der 1994 nach dem Elektrotechniker Heinz Schönfeld (1908 – 1957) benannt wurde, vollendet. Der Vorplatz des Barkhausen-Baus zur Helmholtzstraße wird durch den Brunnen mit der Plastik »Jüngling mit Fisch« (1953) von August Streitmüller geprägt. Bereits zur Inbetriebnahme des ersten Bauabschnitts 1951 wurde der Bau nach Barkhausen benannt, dem damit wohl als einzigem Gelehrten diese Ehre bereits zu seiner aktiven Amtszeit zuteilwurde.

Für das Exzellenzcluster »Center for Advancing Electronics Dresden« wurde von 2015 bis 2019 der Südflügel um zwei Etagen und in Richtung der Nöthnitzer Straße um eine Haushälfte erweitert. Im Innenhof entstand ein komplett neues, absolut schwingungsfrei gelagertes Labor für Elektronenmikroskopie.

Günther-Landgraf-Bau

Durch den Totalverlust der »Alten Hochschule« am Bismarckplatz musste das Rektorat zunächst provisorisch auf dem Campus untergebracht werden. Schon bald suchte man daher nach einer repräsentativen Alternative. Die Technische Hochschule bekam 1946 auch Funktion und Gebäude des Studentenwerks zugewiesen und übernahm damit die von Stadtbaurat Paul Wolf (1879–1957) geplante – und 1925 fertiggestellte – Alte Mensa an der Mommsenstraße sowie das 1936 eingeweihte »Stammhaus« des NS-Studentenbundes an der Helmholtzstraße. Karl Wilhelm Ochs plante nun seinerseits eine großzügige Erweiterung der Alten Mensa durch zusätzliche Speisesäle im südlichen Gartenareal und einen Baukörper längs der Mommsenstraße, der sich mit dem Bestand zu einem schlüssigen Ensemble verbinden sollte. Das Studentenhaus wurde für die Verwaltung umgebaut und mit dem Neubau verbunden, der als Sitz des Rektorats diente.

Als politisch unbelastete Persönlichkeit mit einer großen wissenschaftlichen Reputation wurde Günther Landgraf 1990 erster frei gewählter Rektor. Er führte die Universität erfolgreich durch die schwierigen Jahre der Hochschulerneuerung und residierte bis 1994 in diesem Gebäude. Nach Umzug des Rektorats in das Eratonenhaus (Mommsenstraße 11) wurde von 2004 bis 2007 der gesamte Gebäudekomplex umfassend saniert. Am 12. September 2008 erfolgte die feierliche Benennung des Gebäudes in Günther-Landgraf-Bau.

GÜNTHER LANDGRAF
14.9.1928 – 12.1.2006

Günther Landgraf studierte ab 1947 an der TH Dresden und wurde nach seinem Diplom 1952 Assistent am Institut für Technische Mechanik. Landgraf promovierte 1961 und wurde 1965 zugleich wissenschaftlicher Mitarbeiter im VEB Germania Karl-Marx-Stadt. 1969 folgte die Berufung auf eine Hochschuldozentur für Theorie der Elastizität und Plastizität an der TU Dresden. Noch im selben Jahr habilitierte sich Landgraf und wurde 1970 auf eine Professur für Mechanik und Plastizitätstheorie berufen. Erfolgreich beschäftigte er sich seit 1985 mit der Entwicklung von CAD-Systemen zur Umformung.

Nach der Friedlichen Revolution wurde Landgraf am 26. Februar 1990 zum neuen Rektor der TU Dresden gewählt. In diesem Amt gestaltete Landgraf bis 1994 den Prozess der Hochschulerneuerung und den Ausbau der TU zur Volluniversität durch die Integration von Teilen der Dresdner Hochschule für Verkehrswesen, der Pädagogischen Hochschule und der Medizinischen Akademie.

Toepler-Bau

Das Gebäude an der Ecke Helmholtz- und Mommsenstraße bildet die Verbindung zwischen Görges-Bau und Hochspannungshalle. Das von Heinrich Rettig 1950 entworfene und vom Architekten Siegfried Geiler ausgeführte Projekt berücksichtigte die Proportionen des vorhandenen Gebäudebestands und der bereits geplanten Neubebauung in der Umgebung. Der schlichte dreigeschossige Bau aus verputztem Mauerwerk nimmt die Fenstergestaltung vom Barkhausen- und Günther-Landgraf-Bau auf. Lediglich das verglaste Treppenhaus ist mit einem markanten Eingangsvorbau versehen. Gemeinsam mit dem Barkhausen-Bau und dem Ensemble aus Alter Mensa und Günther-Landgraf-Bau entstand so ein geschlossenes Gesamtbild.

Mit der Einweihung erhielt das Institutsgebäude den Namen Toepler-Bau, der von der Fakultät Elektrotechnik zu Ehren von Vater August und Sohn Maximilian Toepler beantragt worden war. Es ist damit das einzige Gebäude der TU, das gleich zwei Gelehrten gewidmet ist. Im Foyer hat die von August Toepler für Hochspannungsversuche entworfene Influenzmaschine einen dauerhaften Ehrenplatz bekommen.

AUGUST TOEPLER

7.9.1836 – 6.3.1912

Nach abgebrochener Pianistenausbildung studierte August Toepler Physik und Chemie am Gewerbeinstitut und an der Universität in Berlin. 1859 wurde er als Chemiker an der Versuchsstation der Landwirtschaftlichen Akademie Poppelsdorf bei Bonn angestellt und vertrat dort auch von 1862 bis 1864 die Professur für Physik, Technologie und Chemie. Promoviert hatte er 1860 in Jena, 1864 folgte er einem Ruf auf die Professur für Chemie ans Polytechnikum Riga und 1868 auf die Professur für Physik an die Universität Graz, wo er ein neues physikalisches Institut aufbaute.

Toepler entwickelte eine Vielzahl von experimentellen Methoden und Geräten, so eine Quecksilberluftpumpe und eine Influenzmaschine zur Erzeugung von elektrischen Hochspannungen. Seinen Ruf als Physiker begründete die Schlierenmethode, mit der Toepler erstmals Schallwellen in Luft sichtbar machen konnte. 1876 berief ihn das Dresdner Polytechnikum auf eine Professur für Experimentalphysik. Hier baute er das physikalische Laboratorium auf und forschte auf unterschiedlichen Gebieten wie der Druckmessung, dem Erdmagnetismus und der Hochspannung.

MAXIMILIAN TOEPLER

25.6.1870 – 14.3.1960

Maximilian Toepler, Sohn von August Toepler, studierte Physik in Dresden, Leipzig und Göttingen. Nach der Promotion an der Universität Leipzig 1894 und einer kurzen Tätigkeit an der Universität Göttingen wurde er 1895 Assistent bei seinem Vater am Physikalischen Institut der TH Dresden. 1900 habilitierte er sich und wechselte zunächst ins Elektrotechnische Institut, wo er sich experimentell der Untersuchung atmosphärischer Entladungsvorgänge widmete. Wichtige Beiträge lieferte er zur Erforschung der Kugel- und Perlschnurblitze.

1903 wurde Toepler auf eine Professur für Theoretische Physik an der TH Dresden berufen. Mit der Einrichtung des gleichnamigen Instituts 1926 übernahm Toepler das Amt des Direktors. Toeplers Forschungsschwerpunkt blieben weiter die Entladungsphänomene. Aber auch praktischen Problemen der Elektrotechnik, insbesondere auf dem Gebiet der sich seit 1918 rasch entwickelnden Hochspannungstechnik, widmete er sich intensiv. 1935 wurde Toepler emeritiert, übernahm aber 1948 im Alter von 78 Jahren noch einmal für drei Jahre seine ehemalige Professur.

DRUDE
BAU

Drude-Bau

In der Flächennutzungsplanung der Hochschule von 1950 war ein großes Gelände südlich des Zelleschen Wegs für einen Botanischen Garten vorgesehen, der von seinem Standort im Großen Garten hierher verlegt werden sollte. In einer Ecke des Geländes plante Walter Henn ein Gebäude für die Institute für Botanik und Zoologie. Der zweigeschossige, rau verputzte Ziegelbau mit Satteldach wurde bereits 1952 fertiggestellt. Henn verzichtete bei diesem Funktionsbau weitgehend auf gestalterische Elemente. Er übernahm die von Ochs am Barkhausen-Bau eingesetzten dreigeteilten Fenster. Den Eingang schmückt ein Flachrelief des Dresdner Bildhauers Reinhold Langner (1905–1957). Hörsaal und Seminarräume, an der Westseite untergebracht, erhalten durch zwei eng gesetzte Fensterreihen an der Stirnseite ausreichend Licht. Die Gartengestaltung zur Straßenfront übernahm der Landschaftsarchitekt Werner Bausch, der rechts vom Eingang eine Pergola anordnete. Auf der Rückseite wurden mehrere Gewächshäuser für die Forschung errichtet. Das Gebäude wurde bereits 1953 nach Oskar Drude benannt. Mit der dritten Hochschulreform 1968, inzwischen hatte man die Pläne zur Verlegung des Botanischen Gartens aufgegeben, mussten die Institute für Botanik und Zoologie aus dem Gebäude ausziehen, und der Bereich Hydrochemie und Hydrobiologie wurde im Drude-Bau untergebracht.

OSKAR DRUDE
5.6.1852 – 1.2.1933

Oskar Drude begann sein Studium in Braunschweig, wechselte später an die Universität Göttingen und promovierte dort 1874 in Biologie. Zwei Jahre später folgten die Habilitation und eine Anstellung als Assistent. Drude begründete die ökologische Pflanzengeografie als Synthese geografischer, systematischer und physiologischer Erkenntnisse. Zur Darstellung der Pflanzenverbreitung einzelner Arten entwickelte er Arealkarten.

1879 folgte Drude einem Ruf auf die neu eingerichtete Professur für Botanik am Königlich-Sächsischen Polytechnikum in Dresden. Damit übernahm er auch das Herbarium von König Friedrich August II., das 1875 dem Polytechnikum übereignet worden war. Gleichzeitig wurde Drude Direktor des Königlich-Sächsischen Botanischen Gartens am Kurländer Palais. Mit der Verlegung des Gartens 1893 an seinen heutigen Standort konnte Drude eine Konzeption umsetzen, die die Pflanzen vorrangig nach geografischen Gesichtspunkten ordnete. In den Garten wurden eine Versuchsstation für Pflanzenkulturen und ein botanisches Museum integriert. Drude veranlasste auch die Gründungen der Außenstelle auf der Bosel bei Meißen und dem Fichtelberg.

Gerhart-Potthoff-Bau

Der Grundstein für den Gebäudekomplex zwischen Hettnerstraße, George-Bähr-Straße und Nürnberger Straße wurde am 20. April 1951 gelegt. Nach einem Entwurf aus dem Büro des Architekten Walter Henn entstanden untereinander verbundene Gebäudeteile. Von der Hettnerstraße aus erschließen sich die beiden Institutsflügel, in denen neben Büros und Laboren zahlreiche kleine Hörsäle und eine Bibliothek untergebracht wurden. Den großen Hörsaal, der einen eigenen Flügel einnimmt, betritt man über eine Außentreppe vom Fritz-Foerster-Platz aus. Im Eingangsfoyer des Hörsaalflügels nimmt das monumentale Wandbild »Erziehung des Menschen zum Staatsbewußtsein / Wilhelm Pieck spricht zu den Studenten« von Alfred Hesse (1904 – 1988) und Erich Gerlach (1909 – 2000) die gesamte Wandfläche ein. Der Putzschnitt sollte zur Identifikation der Hochschulangehörigen mit dem politischen System sowie der Bildungseinrichtung beitragen.

Bei Grundsteinlegung war das Gebäude noch für die Fakultät Verkehrswesen der TH Dresden geplant. Bei seiner Fertigstellung 1953 war aus der Fakultät bereits eine eigenständige Spezialhochschule nach sowjetischem Vorbild erwachsen: die Hochschule für Verkehrswesen (HfV). Nach der deutschen Wiedervereinigung wurde die HfV aufgespalten, die wieder eingerichtete Fakultät für Verkehrswesen »Friedrich List« der TU Dresden wurde im Gebäudekomplex Hettnerstraße angesiedelt, während die Hochschule für Technik und Wirtschaft den restlichen Gebäudebestand der HfV übernahm.

In einer der dreieckigen Freiflächen zur Nürnberger Straße findet man die Oberbauausstellung mit Originalen des Eisenbahnoberbaus. Seit 1993 trägt das Gebäude den Namen von Gerhart Potthoff.

GERHART POTTHOFF
9.5.1908 – 25.9.1989

Gerhart Potthoff schloss das Studium des Bauingenieurwesens an der TH Dresden 1932 ab und trat seine erste Stelle bei der Reichsbahndirektion in Dresden an. Er promovierte 1938 an der TH Berlin und habilitierte sich 1942. Ab 1943 lehrte er neben seiner Tätigkeit als Dezernent in der Reichsbahndirektion Oppeln an der TH Breslau das Fach Erdbau und Fahrdynamik. Von 1945 bis 1949 saß er in sowjetischer Kriegsgefangenschaft. Zurückgekehrt nach Dresden, wurde er 1950 als Professor für Verkehrswissenschaft an die TH Dresden berufen.

Potthoff prägte die 1952 aus der Fakultät Verkehrswissenschaft gebildete eigenständige Hochschule für Verkehrswesen maßgeblich und leitete das Institut für Eisenbahnbetrieb – später Institut für Betriebstechnik und Verkehrsmittel. Schwerpunkt seiner wissenschaftlichen Tätigkeit waren Fragen der Betriebsabläufe im Verkehrswesen, die in sein fünfbändiges Hauptwerk »Verkehrsströmungslehre« mündeten.

ERICH TREFFTZ
21.2.1888 – 21.1.1937

Erich Trefftz begann zunächst ein Maschinenbaustudium an der TH Aachen, wechselte zur Mathematik und kehrte nach Studien in Göttingen, Straßburg und New York 1912 als Assistent an die TH Aachen zurück. Auf die Promotion 1913 an der Universität Straßburg folgte der Einsatz im Ersten Weltkrieg. Nach einer Verwundung gegen Kriegsende ging er ans Aerodynamische Institut der TH Aachen, habilitierte sich 1919 und wurde sogleich zum Professor für Mathematik berufen.

1922 folgte Trefftz dem Ruf auf die Professur für Technische Mechanik an die TH Dresden. Sein besonderes Interesse galt den wissenschaftlichen Problemen des Flugwesens. Er arbeitete an Problemen der Schwingungs-, Tragflügel- und Elastizitätstheorie. Ein 1926 veröffentlichtes Verfahren zur numerischen Lösung spezieller Randwertaufgaben wurde als »Trefftz-Verfahren« bekannt. Nach 1933 unterstützte Trefftz verfolgte, häufig jüdische Kollegen oder half diesen bei der Emigration. Aus den Händen des zur Emigration gezwungenen Richard Edler von Mises übernahm er die Schriftleitung der »Zeitschrift für angewandte Mathematik und Mechanik«.

Trefftz-Bau

Die Grundsteinlegung für das Gebäude am 25. April 1950 erfolgte durch Industrieminister Fritz Selbmann (1899 – 1975). Zunächst wurden nach den Plänen von Walter Henn nur der große Physikhörsaal mit 810 Plätzen und das zentrale Foyer errichtet. Erst 1953 wurde mit dem Anbau des zweiten großen Hörsaals mit 650 Plätzen für die Mathematik begonnen. Der Trefftz-Bau ist unmittelbar mit dem Physikalischen Institut (heute Recknagel-Bau) und über eine Gebäudebrücke mit dem Mathematischen Institut (heute Willers-Bau) zu einem gemeinsamen Komplex um einen begrünten Innenhof verbunden. Von einem Vorplatz führt eine Freitreppe unter der Gebäudebrücke zum Innenhof. Dieser Eingangsbereich wurde durch den Risalit mit geschwungenem Kupferdach an der Stirnseite des Willers-Baus und die vom Architekten Heinz Röcke (1914 – 2006) entworfene und von Annemarie Willers (1918 – 1988) künstlerisch gestaltete astronomische Uhr am Giebel des Trefftz-Bau im Sinne der nationalen neobarocken Tradition gestalterisch besonders betont. Dem Hörsaalgebäude wurde am 13. Oktober 1994 der Name Trefftz-Bau verliehen.

Der Trefftz-Bau stellte gleichzeitig die östliche Begrenzung des geplanten Campusausbaus dar. Nach 1990 sind östlich die Sächsische Landesbibliothek – Staats- und Universitätsbibliothek Dresden sowie die biologischen Institute entstanden. Bei der Sanierung des Trefftz-Baus wurden daher auch in die hintere Glasfront des Foyers Türen integriert und damit die Achse des Campus verlängert. 2005/06 wurde der Trefftz-Bau nach Norden um einen Anbau für das Rechenzentrum erweitert. Der Neubau führt die Kubatur des Gebäudes in der Verlängerung des Giebels fort. Die Erschließung erfolgt über eine gebäudehohe Eingangshalle mit Treppe, die direkt an die erhaltene Giebelfassade des Altbaus anschließt. In diesem Zuge wurde die astronomische Uhr an den Giebel des Willers-Baus versetzt.

Willers-Bau

Walter Henn hatte für das Mathematische Institut längs des Zelleschen Wegs vier Institutsgebäude in Kammstellung mit filigranen gläsernen Verbindern vorgesehen. Nach seiner Berufung an die TU Braunschweig übernahm Georg Funk das Projekt und überarbeitete es im Sinne der sogenannten nationalen Bautradition. Die Fassade zum Zelleschen Weg erhielt einen Sandsteinsockel, die Zwischenbauten wurden massiver sowie mit einer Attika und Lisenen versehen. Dadurch wurde eine geschlossene Wirkung der Straßenfront erreicht, die Anklang an barocke Fassadenaufteilungen nimmt. Ebenso wurde der Risalit mit der durchgehenden Verglasung von Eingang und Fluren sowie dem geschwungenen Kupferdach an der östlichen Stirnseite nachträglich ergänzt und betonte diese Schauseite des Gebäudes. Das Gebäude wurde 1955 bezogen, letztlich aber nie vollendet. Der letzte Zwischenbau in Richtung Bergstraße endet unvermittelt, da der vierte Institutsflügel nicht realisiert wurde.

An der Innengestaltung nahm Adolf Willers als Institutschef regen Anteil. Dies betraf nicht nur Raumzuschnitt und -ausstattung, sondern auch das großformatige Wandbild der Künstlerin Eva Schulze-Knabe (1907–1976). Für die Darstellung von Gottfried Wilhelm Leibniz, wie er 1673 seine Rechenmaschine der Royal Society in London präsentiert, korrespondierte Willers mit der Akademie, um geeignete Bildvorlagen zu beschaffen. Die ruhigen Innenhöfe zwischen den Kammbauten und den Grünzug zwischen Willers- und Recknagel-Bau gestaltete Werner Bauch. Die Benennung des Gebäudes nach Willers erfolgte 1961.

FRIEDRICH ADOLF WILLERS
29.1.1883 – 5.1.1959

Friedrich Adolf Willers studierte Mathematik und Physik an den Universitäten Jena und Göttingen. Nach der Promotion 1906 wurde er Assistent am Geophysikalischen Institut in Göttingen, legte 1907 die Lehramtsprüfung ab und wechselte 1908 als Assistent an die TH Danzig. Ab 1909 war er, unterbrochen durch zwei Kriegseinsätze, als Lehrer tätig. 1923 habilitierte er sich an der TH Berlin und lehrte anschließend als Privatdozent an der Landwirtschaftlichen Hochschule sowie der TH Berlin.

1928 folgte Willers einem Ruf auf eine Professur für darstellende Geometrie an die Bergakademie Freiberg. Nach einer Kontroverse mit dem NS-Studentenbund wurde er 1934 zwangsemeritiert. Erich Trefftz verschaffte ihm eine Arbeitsmöglichkeit am Mathematischen Seminar der TH Dresden, wo Willers ab 1939 auch wieder lehren durfte und 1944 auf eine Professur für Angewandte Mathematik berufen wurde. Ab 1946 widmete sich Willers mit großem Engagement dem Wiederaufbau des Mathematischen Instituts und des Lehrbetriebs an der TH Dresden. Unter seiner Leitung erfolgte 1956 die Gründung der Institute für Maschinelle Rechentechnik und für Mathematische Statistik.

Recknagel-Bau

Wie für den gegenüberliegenden Willers-Bau, hatte Walter Henn für das Physikalische Institut zunächst vier Institutsgebäude in Kammstellung vorgesehen, von denen letztlich nur drei realisiert wurden. Auch dieser Komplex wurde unter Leitung von Georg Funk fertiggestellt. Die Zwischenbauten fallen schlichter aus als beim Willers-Bau und entsprechen damit eher Henns Entwurf. Der einzige Schmuck an der Fassade sind die drei von den Bildhauern Magdalena Kreßner (1899 – 1975), Wilhelm Landgraf (1913 – 1998) und Rudolf Wittig (1900 – 1978) gestalteten Türgewände an den Stirnseiten der drei Institutsflügel. Mit den allegorischen Darstellungen der Wellen- und Korpuskulartheorie, der vier Elemente in Natur und Technik respektive den physikalischen Grundgesetzen, griffen die Künstler Themen aus der Physik auf und gaben den drei Zugängen ein je eigenes Gesicht. Im Inneren erhielten die tragenden Säulen im östlichen Treppenhaus eine besondere Gestaltung. Hermann Glöckner (1889 – 1987), Nestor der konstruktivistischen Kunst in Dresden, konzipierte für die senkrecht übereinanderliegenden Säulen eine farbige Fassung, die »Spektralanalyse« (1957). In der architekturbezogenen Raumarbeit verbinden sich Kunst und Wissenschaft zu einem Gesamtwerk.

In enger Zusammenarbeit mit dem Architekten hat Alfred Recknagel als Direktor des Physikalischen Instituts einen funktional auf die Experimentalphysik optimierten Bau konzipiert. 2016 erhielt er den Namen Recknagel-Bau und im Mitteleingang wurde ein vom Dresdner Bildhauer Ulrich Eißner (*1962) geschaffenes Relief des Namensgebers angebracht.

ALFRED RECKNAGEL
22.11.1910 – 19.12.1994

Nach dem Physikstudium an den Universitäten in Jena und Leipzig promovierte Alfred Recknagel 1934 in Leipzig. Bis 1945 war er im Forschungsinstitut der AEG in Berlin tätig. Hier forschte er auf dem Gebiet der Elektronenoptik und habilitierte sich 1943 zum Thema Elektronenmikroskopie in Jena. Nach dem Zweiten Weltkrieg arbeitete Recknagel in den Carl-Zeiss-Werken in Jena und nebenamtlich als Oberassistent und Dozent am Physikalischen Institut der Universität Jena.

1948 wurde Recknagel als Professor für Experimentalphysik an die TH Dresden berufen. Das von Recknagel konzipierte physikalische Praktikum wurde zum Vorbild für viele Einrichtungen und »Der Recknagel«, das vierbändige Lehrbuch »Physik«, zum Standardwerk in der DDR. Der Schwerpunkt in Recknagels Forschung lag zunächst weiter auf dem Gebiet der Elektronenoptik, wobei neben der Mikroskopie auch neue Anwendungen für elektronenoptische Verfahren erschlossen wurden. Später traten Fragestellungen der Festkörperphysik hinzu.

TECHNISCHE UNIVERSITÄT DRESDEN
NEUFFER-BAU (NEU)
George-Bähr-Straße 1a
Fakultät Bauingenieurwesen
Faculty of Civil Engineering
Institut für Geotechnik
Institute of Geotechnical Engineering
Professur für Bodenmechanik und Grundbau
Chair of Soil Mechanics and Foundation Engineering
Professur für Angewandte Geologie
Chair of Applied Geology
Campus Navigator – Scan QR-Code

Neuffer-Bau

Karl Wilhelm Ochs entwarf dieses Gebäude in unmittelbarer Nachbarschaft zum Beyer-Bau für das Institut für Baugrundforschung und Baugrundmechanik. Nach nur 18 Monaten Bauzeit wurde es im Dezember 1954 eingeweiht. Im Erdgeschoss des zweigeschossigen Flachbaus befanden sich die Labore, darin ein sogenannter Erddruckkasten zur modellmäßigen Untersuchung der Baugrunddynamik. In der ersten Etage erhielt die Fakultät ein Sitzungszimmer. Die Benennung des Gebäudes nach dem Gründer des Instituts für Baugrundforschung und Baugrundmechanik, Friedrich Wilhelm Neuffer, erfolgte unmittelbar nach dessen Tod im Jahr 1960. Im Eingangsbereich des Neuffer-Baus befindet sich ein Relief des Namensgebers, das der Bildhauer Werner Scheffel (1912–1996), der auch als Sekretär des Künstlerischen Beirats der TH Dresden wirkte, realisierte. Für den Bau des benachbarten Hörsaalzentrums wurde das Gebäude um mehrere Achsen gekürzt und als Ersatzfläche westlich eine Versuchshalle angebaut. Heute wird es vom Institut für Geotechnik genutzt.

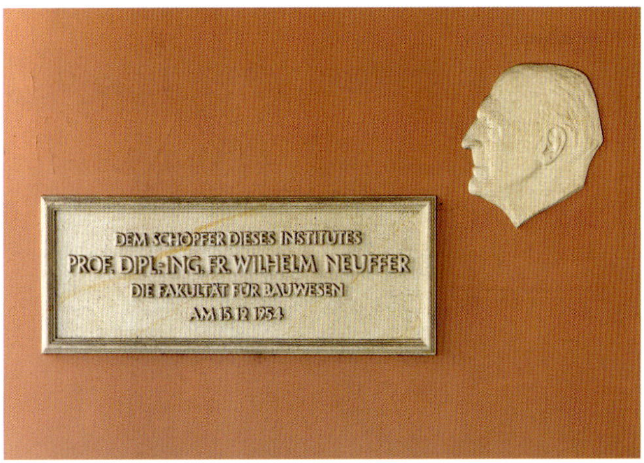

FRIEDRICH WILHELM NEUFFER

28.10.1882 – 9.12.1960

Friedrich Wilhelm Neuffer schloss sein Bauingenieurstudium an der TH Stuttgart 1905 mit dem Diplom und der ersten Staatsprüfung zum Regierungsbauführer ab. Anschließend war er bis 1931 als Bauingenieur bei der Tiefbaufirma Grün & Bilfinger AG in Mannheim tätig und erwarb umfassende Kenntnisse im Grundbau. 1910 legte er die zweite Staatsprüfung zum Regierungsbaumeister ab. Lehraufträge erhielt er an der TH Darmstadt und der TH Karlsruhe, bevor er 1931 den Ruf auf die Professur für Massivbau, Brücken- und Grundbau an die TH Dresden annahm.

1936 gründete er das Institut für Baugrundforschung, ab 1941 Institut für Erdbau, an der TH. Nach Kriegsende übernahm er 1947 die Professur für Massivbau und war mit seinem Institut für die Industrie vielfach an der Beratung, Begutachtung und Ausführung von Gründungen im Hoch- und Tiefbau tätig. Die praktischen Übungen in technischer Bodenuntersuchung konnte er im Institutsneubau ab 1954 für Studierende einführen.

FRIEDRICH MERKEL
17.9.1892 – 15.11.1929

Friedrich Merkel begann 1911 das Maschinenbaustudium an der TH München, wechselte 1913 aber an die TH Dresden. 1914 meldete er sich als Kriegsfreiwilliger, wurde 1918 schwer verwundet und konnte das Studium erst nach einjährigem Lazarettaufenthalt wieder aufnehmen. Nach seinem Diplom 1920 wurde Merkel Assistent bei Richard Mollier im Maschinenbaulaboratorium, promovierte 1922 und habilitierte sich 1924.

Merkel leistete maßgebliche Beiträge zur theoretischen und experimentellen Thermodynamik. Seine Dissertation befasste sich mit der Konvektionstrocknung. Besondere Anerkennung fanden seine Arbeiten zur Verdunstungskühlung, die als Grundlage zur Berechnung von Kühltürmen dienten. Auch zu den verfahrenstechnischen Grundlagen der thermischen Trennung (Rektifikation) von Gemischen leistete er bemerkenswerte Beiträge. Im Mai 1928 wurde Merkel auf eine außerordentliche Professur für Theoretische Maschinenlehre berufen, verstarb aber unerwartet im September des folgenden Jahres.

Merkel-Bau

Das Gebäude plante der Architekt Fritz Schaarschmidt in enger gestalterischer Anlehnung an den unmittelbar benachbarten Barkhausen-Bau auf Grundlage von Vorentwürfen Walter Henns. Es besteht aus einem Institutsbau längs der Helmholtzstraße und der südlich anschließenden, rechtwinklig orientierten Versuchshalle mit vorspringender Stirnseite. Das Institutsgebäude wird asymmetrisch durch den verglasten Eingangsrisalit und das Treppenhaus geteilt. Eine ovale Wendeltreppe, die mit einer der Form angepassten Leuchtstoffröhre versehen ist, setzt einen besonderen gestalterischen Akzent. An das Treppenhaus schließen sich auf der einen Seite die Hörsäle, Zeichen- und Seminarräume und auf der anderen Seite die Institutsräume an.

Die zweischiffige Versuchshalle kann durch große Tore an den Stirnseiten des Hauptschiffs mit Lastkraftwagen befahren werden. Im südlichen Seitenschiff mit geringerer Höhe waren Werkstätten und Hilfsmaschinen untergebracht, die für den Betrieb der Versuchshalle benötigt wurden. Das Gebäude wurde für das Institut für Thermodynamik und thermische Strömungsmaschinen sowie für das Institut für Verfahrenstechnik errichtet. Über Institutseingang und Hallentor sind zwei Reliefbänder des Dresdner Künstlers Max Lachnit (1900 – 1972) angebracht, die gestalterisch die Nutzung des Gebäudes in ihrer Darstellung aufgreifen. Das Gebäude trägt bereits seit Inbetriebnahme 1957 den Namen Merkel-Bau.

Walther-Pauer-Bau

Das von Karl Weißbach errichtete Heizkraftwerk (HKW) der TH Dresden nahm 1904 den Betrieb auf und gehörte damit zu den weltweit ersten Kraft-Wärme-Kopplungsanlagen. Nach der Zerstörung am Ende des Zweiten Weltkriegs wurde das HKW wieder aufgebaut und nun verstärkt auch als Ausbildungseinrichtung des Instituts für Wärmetechnik und Wärmewirtschaft genutzt. Der sehr viel größere Institutsanbau – mit Büros, einem Labor, einer Werkstatt und einem Hörsaal mit 65 Plätzen – wurde 1957 fertiggestellt. Bis in die 1960er-Jahre versorgte das HKW den Campus mit Strom und bis 1994 mit Heizdampf. Nach Ausbau einiger veralteter Anlagen wurde 1978 im HKW ein Ausbildungskernreaktor (AKR) errichtet, eine Eigenentwicklung von TU-Mitarbeitern für die Ausbildung in der Reaktortechnik.

Am 1. Oktober 2004 wurde das 100-jährige Jubiläum der Inbetriebnahme des HKW zum Anlass für die Benennung des Gebäudekomplexes nach Walther Pauer genommen. Das alte Kraftwerk wurde drei Jahre später abgerissen, lediglich der Schornstein und der für den Anschluss an das Dresdner Fernwärmenetz 1956 errichtete Ziegelbau der Wärmeübertragungsstation blieben als Denkmale erhalten. An gleicher Stelle entstand, ausgeführt durch das Dresdner Architekturbüro Knerer und Lang, bis 2011 das Zentrum für Energietechnik, das durch seine Größe und die auffallende Fassade aus beschichteten Aluminiumlamellen den Gebäudekomplex dominiert.

WALTHER PAUER
1.4.1887 – 20.11.1971

Walther Pauer sammelte nach Abschluss des Maschinenbaustudiums an der TH München 1911 zunächst Praxiserfahrung im Dampfmaschinenbau bei MAN in Nürnberg. 1913 wurde er Assistent am Maschinenbaulaboratorium der TH Dresden. 1914 zum Kriegsdienst eingezogen, saß Pauer von 1916 bis 1920 in französischer Kriegsgefangenschaft. Nach seiner Entlassung promovierte er noch im gleichen Jahr. Grundlage waren die in Gefangenschaft angestellten Berechnungen zu Entnahmedampfturbinen, die er auf einer Klopapierrolle notiert hatte.

Nach der Habilitation 1921 erfolgte 1922 die Berufung von Pauer auf eine Professur für Kraft- und Wärmewirtschaft. 1924 übernahm er die Leitung des Heizkraftwerks der TH und wurde 1933 Direktor des Instituts für Wärmetechnik und Wärmewirtschaft. Pauer, der während der NS-Diktatur an der Entwicklung von Einspritzdüsen für Raketen geforscht hatte, wurde 1946 in die UdSSR deportiert, um dort an der Raketenentwicklung zu arbeiten. Nach seiner Rückkehr 1952 übernahm er den Lehrstuhl für Energiewirtschaft an der TH Dresden.

VON-MISES-BAU

von-Mises-Bau

RICHARD EDLER VON MISES
19.4.1883 – 14.7.1953

Das Gebäude in der Georg-Schumann-Straße wurde von Walter Henn als Verwaltungs- und Laborgebäude für das Deutsche Amt für Material- und Warenprüfung in der DDR entworfen, als Ersatz für den an die Hochschule abgetretenen Berndt-Bau beziehungsweise dessen im Krieg zerstörte Versuchshallen. Der fünfstöckige Zweckbau mit klassischer Lochfassade erhielt keinerlei Schmuck. Lediglich durch einen eingeschnittenen Haupteingangsbereich mit Vordach, das verglaste Treppenhaus an der südlichen Stirnseite und die Ausbildung der fünften Etage als Staffelgeschoss mit überstehendem Dachabschluss setzte Henn dezente architektonische Akzente. Auf der Rückseite des Gebäudes schloss in Richtung Helmholtzstraße eine langgestreckte, einstöckige Prüfhalle an. Von 2008 bis 2014 wurde das Gebäude für die Fakultät Bauingenieurwesen saniert und dabei an der Nordseite um zwei Achsen verlängert. Anlässlich der Übernahme des sanierten Gebäudes durch die TU Dresden erfolgte 2015 die Benennung nach Richard Edler von Mises.

Richard Edler von Mises promovierte 1908 nach dem Studium der Mathematik und des Maschinenbaus an der TH Wien. Noch im gleichen Jahr folgte die Habilitation an der Universität Brünn sowie 1909 der Ruf auf eine Professur für angewandte Mathematik und Mechanik in Straßburg. Nach dem Kriegsdienst von 1914 bis 1918 folgte von Mises zum Wintersemester 1919/20 dem Ruf auf die Professur Festigkeitslehre, Hydrodynamik und Aerodaynamik an die TH Dresden.

Obwohl von Mises nur ein Jahr in Dresden blieb, hinterließ der herausragende Theoretiker Spuren bei Schülern und Kollegen. Von Mises befasste sich mit der theoretischen Beschreibung des Festigkeitsverhaltens von Werkstoffen und regte auch den Dresdner Privatdozenten Heinrich Hencky (1885–1951) zu Arbeiten auf dem Gebiet der Plastizitätstheorie an. Seinen Lehrstuhl für Angewandte Mathematik an der Universität Berlin gab von Mises im Herbst 1933 rechtzeitig auf. Die Nationalsozialisten hatten den Juden von Mises wegen seiner aktiven Teilnahme am Weltkrieg zunächst von einer Entlassung verschont. Von Mises emigrierte in die Türkei und 1939 weiter in die USA, wo er eine Professur an der Harvard Universität übernahm.

Heidebroek-Bau

Die Versuchshalle an der Nöthnitzer Straße wurde von 1958 bis 1960 nach Entwürfen von Fritz Schaarschmidt für das Institut für Fördertechnik erbaut. Das aus acht V-Falten bestehende Dach ist die architektonische Besonderheit an diesem Bau.Seine dominant auskragende Faltung überspannt eine Fläche von 42 mal 28 Metern in einer Höhe von 12 bis 15 Metern. Die Vorderseite bildet eine zurückhaltend gegliederte Stahl-Glas-Fassade, die Seitenwände bestehen aus Sichtbetonplatten mit großen Stahltoren, welche eine durchgängige Versuchsstrecke von Großgeräten durch die gesamte Halle ermöglichen. An der Südseite schließt sich parallel ein niedriger Anbau mit Büros, Werkstätten und Aufenthaltsräumen an. Der ursprünglich von Schaarschmidt geplante Institutsbau südwestlich der Versuchshalle wurde nur im Modell realisiert. Schaarschmidts Entwürfe, die nicht der sogenannten nationalen Bautradition entsprachen, ließ man sich vom Präsidenten der Deutschen Bauakademie Kurt Liebknecht genehmigen. 2006 wurde südwestlich ein Anbau für eine moderne 5-Seiten-CAVE des Virtual Reality Labors der Fakultät Maschinenwesen errichtet. Die Halle wurde im Oktober 1986 nach Enno Heidebroek benannt.

ENNO HEIDEBROEK
15.11.1876 – 1.2.1955

Enno Heidebroek schloss sein Maschinenbaustudium an der TH Hannover 1899 mit einem Diplom und der ersten Staatsprüfung als Regierungsbauführer ab. Er wechselte an die TH Berlin, promovierte 1901 aber in Hannover. Anschließend war Heidebroek in Halle (Saale) in einer Pumpenfabrik tätig. 1911 berief ihn die TH Darmstadt auf die Professur für Maschinenelemente und Getriebelehre, 1931 folgte der Ruf an die TH Dresden auf den Lehrstuhl für Maschinenkunde und Fördertechnik. Heidebroek war ab Herbst 1939 kurzeitig Betriebsleiter der Heeresversuchsanstalt Peenemünde.

Bereits im Herbst 1945 wählten die Hochschulmitarbeiter Heidebroek zum ersten Nachkriegsrektor der TH Dresden. Daneben baute er sein eigenes Institut wieder auf. Heidebroek konzentrierte sich zunächst auf praktische Probleme der Schmier- und Lagertechnik. In der Lehre vertrat er zeitweise zwei weitere Lehrstühle. Außerdem war er von 1946 bis 1949 der erste Präsident der Kammer der Technik, der Ingenieurorganisation in der Sowjetischen Besatzungszone.

Kutzbach-Bau

Der Kutzbach-Bau besteht aus einem viergeschossigen Instituts- und Verwaltungsbau und der sich nördlich anschließenden großen Maschinenhalle, welche die Lücke zum Sachsenberg-Bau schließt und mit diesem im Inneren verbunden ist. Das Projekt wurde unter Leitung des Architekten Walter Heinz Schrödel vom Städtischen Architektenbüro erarbeitet. Bautechnisch handelt es sich bei dem von 1958 bis 1961 errichteten Gebäude um einen Experimentalbau, bei dem eine Kombination von Betonfertigteilen und Ziegeln zum Einsatz kam. Der Verputz verdeckt diese Besonderheit und passt sich durch seine rotbraune Farbe dem Ziegelton der Nachbarbebauung an. Der Eingang zum Hochparterre wird über eine freischwebende, nur durch zwei dünne Säulen unterstützte Treppen-Podest-Konstruktion erschlossen. Die als Mansardengeschoss ausgebildete vierte Etage trägt ein Flachdach, das bis zur Gebäudekante auskragt. Die Maschinenhalle wird durch verglaste Seitenfronten charakterisiert. Das Gebäude wurde bei Inbetriebnahme 1961 nach Karl Kutzbach benannt und wird bis heute von der Fakultät Maschinenbau genutzt.

KARL KUTZBACH
19.3.1875 – 25.4.1942

Karl Kutzbach studierte von 1893 bis 1897 Maschinenbau an den Technischen Hochschulen in Aachen und Charlottenburg. In der anschließenden Assistenzzeit forschte er auf dem Gebiet der Konstruktion von Kolbenmaschinen. 1910 wechselte Kutzbach dann ins Konstruktionsbüro der Firma MAN im Werk Nürnberg.

1913 berief die TH Dresden Kutzbach auf den Lehrstuhl für Maschinenelemente. 1917 wurde er zur Flugmeisterei Adlershof eingezogen und war mit der Entwicklung von Flugzeugmotoren befasst. 1918 kehrte er auf seinen Lehrstuhl zurück und wurde 1919 zusätzlich zum Leiter des Versuchs- und Materialprüfungsamts der TH bestellt. Für das Ingenieurhandbuch »Hütte« verfasste Kutzbach die erste systematische Gesamtdarstellung der Maschinenelemente. Er entwickelte Verfahren zur Ermittlung der Drehzahlen von komplizierten Umlaufgetrieben und lieferte grundlegende Beiträge zur Normierung von Verzahnungen. Als Mitglied des Kraftfahrt-Forschungsrats im Verkehrsministerium sowie des Ausschusses für die Luftfahrtindustrie im Luftfahrtministerium des Deutschen Reiches war er wissenschaftlicher Berater in der zivilen und militärischen Luftfahrt.

ANDREAS
SCHUBERT
BAU

Andreas-Schubert-Bau

Der Andreas-Schubert-Bau wurde als Experimentalbau vom Entwurfsbüro für Industriebau unter Leitung der Architekten Helmut Fischer und Heinz Stoll entworfen. Eine hochaufragende Rasterfassade mit gleich gestalteten Fensterreihen gliedert das siebengeschossige Institutsgebäude. Die Baukonstruktion als Stahlbetonskelettbau ist an den horizontal und vertikal verlaufenden Betonstützen und -trägern ablesbar. Das Skelett wurde mit Betonfertigbauteilen ausgefacht. Die Bauweise wird durch die farbliche Differenzierung noch betont. An der Westseite des Instituts ist ein niedrigeres Hörsaalgebäude mit zwei Hörsälen eingerückt. Dieser Baukörper ist ein wenig nach Süden versetzt, sodass ein Knick in der Gebäudeachse entsteht. Im Kontrast zum Institutsgebäude ist der Hörsaalbau durch Lisenen vertikal gegliedert. Der Eingangsbereich hebt sich deutlich durch ein schalenförmiges Vordach und die darüberliegende Stahl-Glas-Fassade ab.

Das von 1956 bis 1960 errichtete Gebäude war speziell für die Fakultät Kerntechnik geplant. Die Kernenergie galt als die zivile und militärische Zukunftstechnologie, und die Fakultätsneubauten wurden entsprechend großzügig konzipiert. Realisiert wurde nur ein Teil des umfassenden Bauprogramms, denn bereits 1964 wurde die Fakultät wieder aufgelöst. Heute ist das Institut für Kern- und Teilchenphysik nur noch ein Nutzer neben anderen. Den Vorplatz gestaltete Werner Bauch mit einer Teichanlage, in die seit 1964 die Tierplastik »Kraniche« (1956/58) des Dresdner Künstlers Werner Scheffel (1912–1996) integriert ist.

JOHANN ANDREAS SCHUBERT
19.3.1808 – 6.10.1870

Den aus einer armen Bauernfamilie stammenden Johann Andreas Schubert führten glückliche Umstände in eine Leipziger Pflegefamilie. Nach Besuch der Bauschule an der Dresdner Kunstakademie und einem Praktikum in der Werkstatt des Mechanikers Rudolf Sigismund Blochmann trat er unmittelbar bei Begründung 1828 als Lehrer für Buchhaltung in die Technische Bildungsanstalt Dresden ein. Bald übernahm er weitere Lehraufgaben in Mathematik und Maschinenbau. Schon 1832 zum Professor ernannt, profilierte er den Unterricht im Maschinenbau sowohl praktisch, durch den Aufbau der Getriebemodellsammlung, als zunehmend auch theoretisch.

In Dresden-Übigau gründete Schubert 1836 eine Maschinenbau-Anstalt, wo unter anderem die »Saxonia« als erste deutsche Dampflokomotive und auch der erste sächsische Elbdampfer gebaut wurden. 1850 übernahm Schubert dann das Fach Straßen-, Eisenbahn- und Brückenbau an der Technischen Bildungsanstalt und wurde mit deren Rangerhöhung 1851 zur Königlich- Sächsischen Polytechnischen Schule zum Vorstand der Bauingenieurabteilung bestellt.

WALTHER HEMPEL
5.5.1851 – 1.12.1916

Walther Hempel studierte Chemie am Polytechnikum Dresden sowie in Berlin und Heidelberg. In Heidelberg promovierte er 1872 bei Robert Bunsen. Nach einer Anstellung an der Zentralstelle für öffentliches Gesundheitswesen in Dresden wurde er 1876 Assistent im chemischen Laboratorium des Polytechnikums. 1878 habilitierte sich Hempel mit einer Arbeit zur Gasanalyse. Dieses Arbeitsgebiet begleitete ihn sein ganzes Forscherleben und fand seinen Niederschlag in mehreren Monografien sowie diversen neu entwickelten gasanalytischen Geräten, wie der Gaspipette und der Gasbürette nach Hempel.

Hempel vertrat ab 1879 den vakanten Lehrstuhl für Chemische Technologie, bevor er im folgenden Jahr den Ruf als Professor für Technische Chemie erhielt und damit auch die Leitung des Laboratoriums für Anorganische und Analytische Chemie übernahm. 1893 konnte Hempel die Ordinariate neu ordnen. Er selbst übernahm den Lehrstuhl für Anorganische Chemie und anorganisch-chemische Technologie. Ernst von Meyer (1847–1916) wurde auf den Lehrstuhl für Organische Chemie und organisch-chemische Technologie berufen.

Walther-Hempel-Bau

Der Architekt Fritz Schaarschmidt schuf mit seinem Entwurfsbüro das Institutsgebäude für die Technische Chemie, dessen Grundstein im Oktober 1961 gelegt wurde. An der Nordseite des Gebäudes schloss sich ursprünglich ein Flachbau mit den Räumen für das Institut für Textilchemie sowie einem Hörsaal an, der aber 2006 dem Neubau der Chemischen Institute weichen musste. Der Stahlbetonskelettbau wurde, für die damalige Zeit äußerst innovativ, in Großtafelbauweise realisiert, kombiniert mit einzelnen Elementen in klassischer Bauweise. Die ursprüngliche Waschbetonfassade machte das Konstruktionsprinzip nach außen sichtbar. Auf dem Dach des dreigeschossigen Gebäudes wurde in einem zurückgesetzten Aufbau die Technikzentrale untergebracht. 1966 konnte das Gebäude bezogen werden.

Im Zuge der umfassenden Sanierung von 2010 bis 2013 konnte aus energetischen Gründen die Waschbetonfassade nicht erhalten werden. Man entschied sich daher für eine solaraktive Vorhangfassade, die dem Gebäude einerseits ein neues Gesicht gibt und gleichzeitig der Energiegewinnung dient. Das noch heute von der Fakultät Chemie und Lebensmittelchemie genutzte Gebäude trägt seit dem 25. Oktober 1994 den Namen Walther-Hempel-Bau.

WALTHER

Mohr-Bau

Die Versuchshalle entstand als Experimentalprojekt des Lehrstuhls für Stahlbau und Baudynamik unter Leitung von Walter Hoyer (1912–2000). Nur dank der Konzeption als Forschungsprojekt konnte die schon lange benötigte Halle überhaupt gebaut werden. Die 1 000 Quadratmeter große Halle mit einer Höhe von 8,6 Metern und zwei Krananlagen von je fünf Tonnen Tragkraft sollte mit einer minimalen Stahlmenge errichtet werden. Charakteristisch ist die Dachkonstruktion, die auf die sonst üblichen Dachpfetten verzichtet und den Lastabtrag über Spanndrähte realisiert. Die Spanndrähte sind an den Endrahmen befestigt und durch schräge Spannstäbe außerhalb der Halle in speziellen Fundamenten verankert. Die filigran erscheinenden Abspannungen verleihen der Versuchshalle ihr spezifisches Aussehen. Eine Längsseite ist mit senkrecht gegliederten Fensterstäben verglast, während die beiden Stirnseiten aus Wellaluminium bestehen. Die Halle dient seit ihrer Inbetriebnahme 1974 der experimentellen bautechnischen Forschung und Lehre. Im Jahr 1985 erhielt sie anlässlich des 150. Geburtstags von Otto Mohr dessen Namen.

OTTO MOHR
8.11.1835 – 2.10.1918

Nach Abschluss seines Bauingenieurstudiums am Polytechnikum in Hannover trat Otto Mohr 1855 zunächst in den Dienst staatlicher Eisenbahngesellschaften. Durch verschiedene Brückenbauprojekte und die in diesem Kontext entwickelten Berechnungsverfahren erregte er die Aufmerksamkeit der Fachwelt. 1867 folgte Mohr dem Ruf als Professor für Technische Mechanik an die TH Stuttgart. Hier entwickelte er grafische Verfahren zur Lösung bautechnischer Konstruktionsprobleme, die sich sehr schnell in der Praxis durchsetzten.

Das Dresdner Polytechnikum berief Mohr 1873 auf die Professur für Straßen-, Wasser- und Eisenbahnbau. 1894 wechselte er als Nachfolger von Gustav Zeuner auf den Lehrstuhl für Technische Mechanik. 1874/75 entwickelte er eine eigenständige Fachwerktheorie auf der Grundlage kinematischer Modellvorstellungen. Mit dieser begründete Mohr die Dresdner Schule der Baustatik. 1887 entwickelte er ein grafisches Verfahren zur Ermittlung von Trägheitsmomenten – den »Mohrschen Trägheitskreis«. 1900 veröffentlichte er eine Arbeit zum Festigkeitsproblem von Werkstoffen, die bis heute für spröde Werkstoffe nutzbar ist.

Mierdel-Bau

Der viergeschossige Bau an der Nöthnitzer Straße wurde 1983 als schlichter Montagebau mit Flachdach errichtet. Der Sockelbereich ist mit Sandsteinplatten verkleidet. Darüber schließt sich eine vorgehängte Fassade aus farbig beschichteten Blechprofilen an, welche neben der ästhetischen Wirkung auch dem Wetterschutz dienen. Das Gebäude wurde nur zu Forschungszwecken für das Technikum Mikroelektronik konzipiert und enthielt deshalb Laboratorien, Bibliotheksräume und Büros, aber keine Hörsäle oder Seminarräume. Seit dem 1. November 1993 trägt das Gebäude den Namen Mierdel-Bau.

Der Mierdel-Bau wird heute vom Institut für Halbleiter- und Mikrosystemtechnik der Fakultät Elektrotechnik und Informationstechnik genutzt. Da die alten Labore modernen Anforderungen nicht mehr genügten, wurden 2005 hinter dem Gebäude ein zentrales Reinraumlabor für die TU Dresden errichtet und 2013 östlich ein Forschungsgebäude angebaut. Die Farbgestaltung von Reinraumlabor und Forschungsgebäude stehen in auffälligem Kontrast zum Mierdel-Bau. Vorgesehen ist, die Fassadengestaltungen des Baus im Zuge der noch ausstehenden Sanierung an den modernen Bestand anzugleichen.

GEORG MIERDEL
5.3.1899 – 29.6.1987

Georg Mierdel studierte an den Universitäten Marburg und Greifswald Physik. Nach der Promotion wurde er 1920 Assistent am Physikalischen Institut Greifswald und habilitierte sich 1928. Hauptarbeitsgebiet von Mierdel war die Physik der Gasentladung, die ihn seine gesamte akademische Karriere begleiten sollte. 1930 begann er als wissenschaftlicher Mitarbeiter bei den Siemens-Schuckertwerken in Berlin. Nebenbei wirkte er ab 1934 als Privatdozent und ab 1939 als außerplanmäßiger Professor für Physik an der TH Berlin. 1944 verlagerte Siemens-Schuckert einen Betriebsteil nach Rokytnice (ČSR), wo Mierdel auch nach Kriegsende zunächst weiter tätig blieb. Ab 1949 arbeitete er nebenamtlich als Leiter des Referats für Gasentladungsphysik der Zentralen Physikalischen Anstalt Prag.

1953 wurde Mierdel zum Professor für Theoretische Elektrotechnik und Gleichrichter sowie Direktor des Instituts für Allgemeine Elektrotechnik an die TH Dresden berufen. In den folgenden Jahren befasste er sich vor allem mit der Herausgabe von Lehrbüchern, die oft zu Standardwerken wurden.

Gebäudekomplex des ehemaligen Landgerichts

Umbau des zerstörten Untersuchungsgefängnisses für die Hochschule, um 1958

Grundriss des Gebäudekomplexes Landgericht

Die Bauarbeiten für das neue Königliche Landgericht am Münchner Platz – in unmittelbarer Nachbarschaft zur TH Dresden – begannen 1902. Landbauinspektor Oskar Kramer (1871–1946), der an der TH Architektur studiert hatte, war für den Entwurf und die Bauleitung zuständig. Bis 1907 entstanden das neue Landgericht (heute Georg-Schumann-Bau) und daneben das kreuzförmig angelegte Untersuchungsgefängnis mit 680 Zellen (heute Hülsse-Bau). Zur George-Bähr-Straße und zur Helmholtzstraße war das Gefängnis durch die vorgelagerten Seitenflügel des Landgerichtsgebäudes, das Verwaltungs- (heute Tillich-Bau) sowie das Wirtschaftsgebäude (heute nicht mehr vorhanden) der Sicht entzogen. Dies entsprach dem ausdrücklichen Wunsch des Stadtrats. Im vierten Hof des Untersuchungsgefängnisses stand das Kesselhaus mit seiner Esse. Die Hinrichtungsstätte wurde im östlichen Hof des Landgerichts eingerichtet. Dazu gehörten im Gerichtsgebäude auch sechs Todeszellen. Der Gesamtkomplex hatte bei Fertigstellung fast 3,6 Millionen Mark gekostet und wurde in der Tages- und Fachpresse als vorbildlich gelobt. Bis 1957 – und damit 50 Jahre lang – sollte er als Gerichts-, Haft- und Hinrichtungsstätte genutzt werden.

Mit der Machtübernahme der Nationalsozialisten 1933 stieg die Zahl der Inhaftierten, darunter viele aktive oder vermeintliche politische Gegner, rapide an, sodass das Untersuchungsgefängnis permanent überbelegt war. Das Oberlandesgericht (OLG) war für politische Strafsachen zuständig, aber auch für die von den Nationalsozialisten neu geschaffenen Straftatbestände nach den antisemitischen und rassistischen Nürnberger Gesetzen von 1935 oder der sogenannten Polenstrafrechtsverordnung von 1941. Auch ein Senat des 1934 zur Bekämpfung des politischen Widerstands gegründeten Volksgerichtshofs (VGH) tagte im Dresdner Landgericht. Kurz vor Kriegsbeginn wurde das Dresdner OLG neben dem VGH auch zuständig für

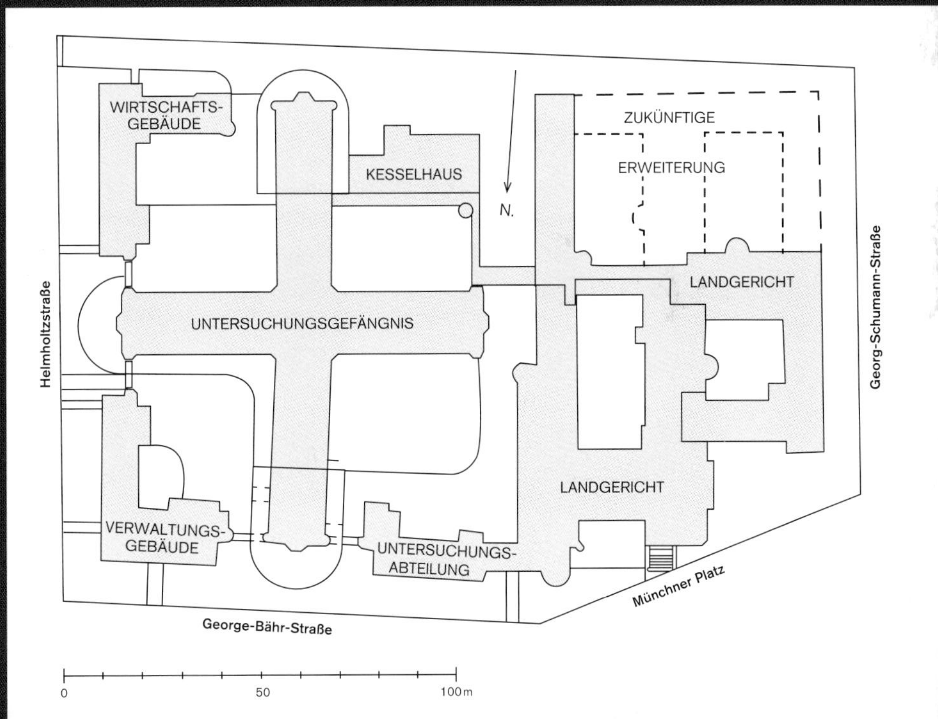

Aus dem großen Schwurgerichtssaal wurde ein Hörsaal, 1910/1960

die Aburteilung des tschechischen Widerstands im sogenannten »Protektorat Böhmen und Mähren«. Außerdem nutzte das OLG Posen (Poznań), das für den »Reichsgau Wartheland« im besetzten Polen zuständig war, für einen Teil seiner Prozesse das Dresdner Landgerichtsgebäude. In den zwölf Jahren der NS-Herrschaft wurden im Richthof des Landgerichts 1345 Menschen hingerichtet, von denen knapp zwei Drittel tschechischer und etwa jeder Zwölfte polnischer Nationalität waren. Im Februar 1945 gingen auch über dem Gerichtskomplex Bomben nieder, am schwersten wurde der Südflügel des Gefängnisses getroffen. Über die Zahl der Toten gibt es widersprüchliche Angaben, für einige Gefangene, darunter auch Todeskandidaten, schuf dies aber die Gelegenheit zur Flucht. Am 16. Februar wurden 1150 Dresdner Häftlinge über Meißen nach Leipzig gebracht und am 23. März die letzten noch vom OLG Dresden Verurteilten in der Richtstätte Halle hingerichtet. In Dresden wurden noch im Februar neue Untersuchungshäftlinge, meist wegen des Vorwurfs der Plünderung nach den Bombenangriffen, eingeliefert. Die von Sondergerichten verhängten Todesurteile wurden in der Regel kurz nach der Urteilsverkündigung im Innenhof des Gerichts durch Erschießung vollstreckt, ihre genaue Zahl lässt sich nicht mehr ermitteln.

Nach der Besetzung Dresdens durch die Rote Armee wurde der Gebäudekomplex von der Sowjetischen Militäradministration in Deutschland (SMAD) genutzt. Die Aktenlage über diese Zeit ist extrem schwierig. Für Tausende Gefangene war die Haftanstalt nur Durchgangsstation auf dem Weg in Speziallager in der Sowjetischen Besatzungszone (SBZ) oder der Sowjetunion. Andere wurden hier von sowjetischen Militärtribunalen verurteilt. Die Vollstreckung von Todesurteilen der Militärtribunale ist nur durch Zeitzeugenberichte belegt. 1950 übergab die SMAD den Gebäudekomplex an die Justiz der DDR. Schon 1947 waren im Richthof zwei Todesurteile sächsischer Gerichte vollstreckt worden; bis Ende 1956 sollten weitere 81 Hinrichtungen folgen.

»Widerstandskämpfer«,
Arnd Wittig, 1958

»Namenlos – ohne Gesicht«,
Wieland Förster, 1995

Ab 1954 wurden von der Hochschulleitung Verhandlungen zur Übernahme des Gebäudekomplexes geführt, die schließlich 1957 stattfand. Der Architekt und Hochschullehrer für Baugeschichte Otto Schubert (1878 – 1968) sowie sein Nachfolger Georg Münter (1900 – 1965) wurden mit der Umbauplanung beauftragt. Die Baumaßnahmen konnten 1964 abgeschlossen werden, hatten aber mit 5,5 Millionen Mark erheblich mehr als ursprünglich geplant gekostet.

Bereits 1959 wurde im ehemaligen Richthof die Gedenkstätte eingerichtet. Eine Figurengruppe »Widerstandskämpfer« (1958) des Bildhauers Arnd Wittig (1921 – 1999) erinnert hier seit 1962 im Ehrenhof, dem ehemaligen Hinrichtungshof, an die Opfer der NS-Zeit. Zur Gedenkstätte gehören auch die ehemaligen Todeszellen im Landgerichtsgebäude und seit 1986 eine Dauerausstellung. Erst seit 1989 konnte auch die Geschichte des Ortes in der SBZ/DDR aufgearbeitet werden. Am 7. November 1995 wurde im Nordosthof zwischen Schumann- und Hülsse-Bau das Denkmal »Namenlos – ohne Gesicht« für die Verfolgten nach 1945 geweiht. Geschaffen wurde es vom Dresdner Bildhauer Wieland Förster (*1930), der hier 1946 als 16-Jähriger wegen »konterrevolutionärer Sabotage« inhaftiert gewesen war.

Georg-Schumann-Bau

Der Bau des eigentlichen Landgerichts erfolgte von 1904 bis 1907. Der Haupteingang im Mittelbau am Münchner Platz wird von einem dominanten 60 Meter hohen Turm überragt. Programmatisch vertrat Oskar Kramer die Absicht, eine neue Gestaltung für den Gebäudetyp zu entwickeln, die einem modernen Menschenbild entsprechen sollte. Als Vertreter der Heimatschutzbewegung war er bestrebt, jeden Baustoff durch seine natürliche Struktur und Farbe wirken zu lassen. Die stark gegliederte – an die deutsche Renaissance angelehnte – Fassade mit Erkern, Bögen und Türmchen sollte den Gebäudekomplex, trotz des erheblichen Bauvolumens, in die umgebende Wohnbebauung integrieren. Der Dresdner Künstler Ernst Hottenroth (1872–1908) konzipierte den an zahlreichen Stellen in die Fassade eingefügten Bauschmuck. Links vom Mittelbau mit dem Eingang, zwischen den Bogenfenstern des Schwurgerichtssaals, sind vier Reliefs mit Allegorien von Verbrechen, Geständnis, Urteil und Sühne angebracht. An der rechten Fassadenwand des Mittelbaus, im Bereich der Präsidialabteilung, ist die Figur des Königs Salomon als weiser Richter prominent inszeniert.

Aufgrund der schwierigen Topografie des Geländes, das nach Südwest erheblich ansteigt, versetzte Kramer die zwei Gebäudehälften um ein Halbgeschoss, was bis heute die Orientierung im Gebäude erheblich erschwert.

Die Umnutzung des Gerichts für Hochschulzwecke erforderte nur wenige bauliche Eingriffe. Nach Entfernung des Interieurs aus den Verhandlungssälen wurden diese zu Hörsälen umgestaltet. Die dekorativen Jugendstilelemente blieben weitgehend erhalten, nur die verputzten Wandflächen wurden heller gestaltet. Die Einrichtung der Gedenkstätte im ehemaligen Richthof und die Benennung des Gebäudes nach Georg Schumann erfolgten noch während der Umbauphase.

GEORG SCHUMANN
28.11.1886 – 11.1.1945

Georg Schumann machte eine Ausbildung als Schlosser und wurde Mitglied der SPD sowie des Deutschen Metallarbeiterverbands. Seit 1912 leitete er die Landesorganisation der Arbeiterjugend in Thüringen und begann nach einem Lehrgang 1913, als Journalist zu arbeiten. Während des Ersten Weltkriegs kam er wegen »Zersetzung der Truppe« vor ein Kriegsgericht. Er war Mitglied der Spartakusgruppe und 1918 Gründungsmitglied der KPD. Schumann gehörte bis 1929 dem Zentralkomitee der Partei an und war Redakteur der »Roten Fahne«.
Als Abgeordneter der KPD saß er von 1921 bis 1924 im Preußischen Landtag und ab 1928 im Reichstag.

Nach Machtübernahme der Nationalsozialisten organisierte Schumann den illegalen Widerstand. Er wurde verhaftet, zu drei Jahren Zuchthaus verurteilt und anschließend im KZ Sachsenhausen in »Schutzhaft« genommen. Nach der Entlassung 1939 nahm er seine Widerstandstätigkeit erneut auf. Im Sommer 1944 wurde Schumann erneut verhaftet, gefoltert und vom Volksgerichtshof am 21. November 1944 zum Tode verurteilt. Georg Schumann und zehn seiner Mitkämpfer starben am 11. Januar 1945 im Richthof am Münchner Platz unter dem Fallbeil. Schumann ist der einzige Namenspatron, der nicht als Hochschullehrer wirkte.

JULIUS AMBROSIUS HÜLSSE
2.5.1812 – 26.6.1876

Julius Hülsse begann zunächst ein Studium der Theologie, wechselte aber nach einem Jahr an die Bergakademie Freiberg, wo er Mathematik, Physik und Maschinenbau studierte. Ab 1830 war er als Lehrer in Leipzig tätig, bevor er 1941 zum Direktor der Gewerbeschule in Chemnitz ernannt wurde. Nachdem er sich um die Entwicklung dieser Anstalt große Verdienste erworben hatte, wurde er 1850 zum Direktor der Technischen Bildungsanstalt Dresden berufen, die im folgenden Jahr in Königlich Sächsische Polytechnische Schule umbenannt wurde.

Hülsse legte großen Wert auf eine fundierte technologische Ausbildung und begründete dazu die Mechanisch-Technologische Sammlung. Er übernahm aber auch die Vorlesungen zur Volkswirtschaftslehre. Hülsse reformierte die Polytechnische Schule mehrfach und passte sie den Anforderungen einer sich rasch entwickelnden Industrie in Sachsen an. 1873 wurde er zum Ministerialdirektor für das technische Schul- und Gewerbewesen im sächsischen Innenministerium ernannt.

Hülsse-Bau

Das Untersuchungsgefängnis wurde von Oskar Kramer mit kreuzförmigem Grundriss geplant. Als Frauentrakt für 150 Insassen war der Ostflügel abgetrennt. Die Zellentrakte wurden durch stählerne Treppen und schmale Galerien erschlossen, die sich über die volle Höhe der sechs Etagen erstreckten und durch Oberlichter gut belichtet waren. Alle drei Trakte der Männerabteilung konnten daher von der zentralen Kanzel – von den Gefangenen »Spinne« genannt – überwacht werden. Außen erhielt das Gefängnis eine schlichte Putzfassade. Nur die Stirnseiten der vier Flügel waren aufwendiger gestaltet und fügten sich in der George-Bähr- sowie der Helmholtzstraße zwischen Landgericht (heute Schumann-Bau), Verwaltungsgebäude (heute Tillich-Bau) und Wirtschaftsgebäude (nicht mehr vorhanden) harmonisch in die umgebende Architektur ein. Durch Gebäudebrücken über den Tordurchfahrten waren Landgericht, Untersuchungsgefängnis und Verwaltungsgebäude miteinander verbunden.

Die Umnutzung des Gefängnisses erforderte gravierende Umbauten. Die Gefängnismauer wurde abgetragen. Nach Entfernung der Stahlgalerien wurden feste Flurdecken eingezogen sowie im Zentrum eine doppelt gewendelte Haupttreppe errichtet, die kleinen Zellenfenster auf ein normales Fenstermaß vergrößert und die Zellen teilweise zusammengelegt. Das nach dem Krieg nicht wieder aufgebaute Ende des Südflügels wurde in alter Kubatur, aber mit neuem Grundriss errichtet, hier konnten zwei große Hörsäle und ein Zeichensaal integriert werden. Die Stirnseiten von Ost- und Westflügel erhielten – wie der neu errichtete Südflügel – schlichte Putzfassaden; nur am Nordflügel blieb die ursprüngliche Gestaltung erhalten. Die beräumte Freifläche des ehemaligen Wirtschaftsgebäudes wurde nach Plänen des Landschaftsarchitekten Werner Bauch gestaltet. 1994 wurde das Gebäude nach Julius Ambrosius Hülsse benannt.

Tillich-Bau

Das Gebäude wurde zeitgleich mit dem Untersuchungsgefängnis als Verwaltungsgebäude errichtet. Als Gegenpol zum Turm des Landgerichts erhielt es einen allerdings schlichteren Eckturm. Auch ansonsten gestaltete Oskar Kramer, der funktionalen Bedeutung entsprechend, den Verwaltungsbau deutlich zurückhaltender als das Landgericht. In dem Gebäude war auch die Häftlingskapelle untergebracht, von außen ablesbar an drei hohen Bogenfenstern zur George-Bähr-Straße. Den Giebel dieser der deutschen Renaissance nachempfundenen Fassade ziert ein vom Bildhauer Ernst Hottenroth (1872–1908) geschaffenes Relief mit der Apostel-Darstellung eines weinenden Petrus.

In den Jahren der Nutzung durch das sowjetische Militärtribunal dienten Teile des Verwaltungsbaus als provisorisches Gefängnis. Nach 1957 konnte das Gebäude ohne größere Eingriffe für die Hochschule umfunktioniert werden. Aus der ehemaligen Häftlingskapelle, deren sakrale Einrichtung bereits fehlte, wurde ein repräsentativer Tagungsraum. In diesem Gebäude, das der Verfolgung politischer Gegner in zwei totalitären Staaten gedient hatte, fand das 1993 gegründete Hannah-Arendt-Institut für Totalitarismusforschung eine angemessene Unterbringung. Mit der Umbenennung in Tillich-Bau im November 1994 würdigte die Hochschule einen aufrechten Wissenschaftler, dessen Name in Dresden Jahrzehnte offiziell nicht genannt wurde. Die Namensgebung machte damit zugleich die Veränderungen deutlich, die sich mit dem Wandel zur Volluniversität an der TU Dresden vollzogen hatten.

PAUL TILLICH
20.8.1886 – 22.10.1965

Nach dem Studium der Theologie und Philosophie in Berlin, Tübingen und Halle promovierte Paul Tillich 1910 an der Universität Breslau. Es schloss sich die theologische Prüfung und Ordination in Berlin an. Während des Ersten Weltkriegs wirkte Tillich als Feldgeistlicher. Seine akademische Lehrtätigkeit begann 1919 als Privatdozent in Berlin und ab 1924 als außerordentlicher Professor in Marburg. 1925 wurde er auf den neu eingerichteten Lehrstuhl für Religionswissenschaft an die TH Dresden berufen. Neben seiner eigentlichen Lehraufgabe, der Ausbildung von Volksschullehrern, wirkte Tillich durch seine zahlreichen öffentlichen Vorträge auch in der Dresdner Stadtgesellschaft.

1929 folgte Tillich einem Ruf an die Universität Frankfurt. 1933 wurde er wegen seines klaren Auftretens gegen die Nationalsozialisten, unter anderem in seiner Streitschrift »Die sozialistische Entscheidung«, des Amtes enthoben und mit Lehrverbot belegt. Er emigrierte in die USA und lehrte in New York sowie an der Harvard-Universität. 1962 erhielt er den Friedenspreis des deutschen Buchhandels.

Hochschulerneuerung und Exzellenz

Der Neubau des Hörsaalzentrums, 2019

Nach der deutschen Wiedervereinigung musste die TU Dresden zunächst einen tiefgreifenden personellen und strukturellen Wandel bewältigen. Im Zuge der Neustrukturierung der sächsischen Hochschullandschaft wurde 1992 entschieden, die TU zu einer Volluniversität auszubauen. Dazu mussten bis dahin eigenständige Hochschulen wie die Pädagogische Hochschule, Teile der Hochschule für Verkehrswesen und die Medizinische Akademie integriert werden. Außerdem wurden geistes- und sozialwissenschaftliche Fakultäten neu aufgebaut. Dieser Prozess war Mitte der 1990er-Jahre organisatorisch weitgehend abgeschlossen. Mit den integrierten Hochschulen hatte die TU Dresden auch einen großen Gebäudezuwachs zu verzeichnen: den Komplex Weberplatz für die Fakultät Erziehungswissenschaften, den Gerhart-Potthoff-Bau für die Fakultät für Verkehrswesen »Friedrich List«

sowie den medizinischen Campus in der Johannstadt. Für die Juristen konnte bereits 1993 ein Rohbau aus DDR-Zeiten als neuer Sitz der Fakultät fertiggestellt werden – der heutige von-Gerber-Bau. Trotzdem war offensichtlich, dass enorme Investitionen in die Infrastruktur notwendig waren, und zwar sowohl zur Schaffung neuer Kapazitäten als auch zur Sanierung des seit Jahrzehnten vernachlässigten Bestands.

Durch die Umwandlung zur Volluniversität stiegen auch die Studierendenzahlen rasch an. Der akute Mangel an Lehrräumen wurde durch den Neubau des Hörsaalzentrums an der Bergstraße mit vier großen Hörsälen und 14 Seminarräumen 1998 etwas gemildert. Die modernen Ansprüchen schon lange nicht mehr genügenden chemischen Labore im Fritz-Foerster-, Erich-Müller und König-Bau konnten mit dem Chemie-Neubau an der

Wandbild »Studentenleben« im Hörsaalzentrum, Michael Fischer-Art, 1996

Rektorat, ehem. Villa der Sängerschaft Erato, 2019

als neues Technikum, das Hochleistungsrechenzentrum sowie 2016 der Hermann-Krone-Bau als Sitz des Instituts für Angewandte Physik. Auf dem schon dicht bebauten Kerncampus wurden eine neue Versuchshalle für Textiltechnik, das Gebäude Schumannstraße 7a für die Fakultät Bauingenieurwesen und das Zentrum für Energietechnik neu errichtet. Gleichzeitig begann die umfassende Sanierung des Altbestands. 2003 konnte das Rektorat in die Villa Mommsenstraße 11, 1926 als Studentenhaus der Sängerschaft Erato errichtet, umziehen und damit die Sanierung des alten Rektorats (heute Günther-Landgraf-Bau) sowie der unmittelbar anschließenden Alten Mensa beginnen. Die Sanierung von Trefftz-Bau, Recknagel-Bau, Walther-Hempel-Bau und von-Mises-Bau folgten, und für zahlreiche weitere Altbauten ist sie im Gange oder in der Planung.

Bergstraße ab 2001 aufgegeben werden. Die Tradition von Kunst am Bau auf dem Campus wurde im Hörsaalzentrum mit der Gestaltung des zentralen Kubus durch den Leipziger Künstler Michael Fischer-Art (*1969) prominent fortgeführt. Im Foyer des Chemie-Neubaus schlägt Roland Fuhrmanns (*1966) »Spektralsymphonie der Elemente« die Brücke zwischen Naturwissenschaft und Kunst.

Für die zusammengelegte Sächsische Landesbibliothek – Staats- und Universitätsbibliothek entstand ein Neubau am Zelleschen Weg, und direkt dahinter erhielten die biologischen Institute 2006 ein neues Gebäude. Längs der Nöthnitzer Straße entstanden die Neubauten für die Fakultät Informatik (Andreas-Pfitzmann-Bau), die neuen Forschungslabore am Mierdel-Bau, der Werner-Hartmann-Bau

Seit Mitte der 1990er-Jahre konnte die TU Dresden ihr Forschungsprofil weiter konsolidieren und schärfen. In den 2000er-Jahren musste sie sich, wie alle deutschen Hochschulen, den Herausforderungen des Bologna-Prozesses stellen und ihre Studiengänge reformieren. Rund um die Universität haben sich zahlreiche Forschungsinstitute der Max-Planck-Gesellschaft,

Foyer des Biologie-Neubaus, 2019

der Fraunhofer-Gesellschaft und der Wissenschaftsgemeinschaft Gottfried Wilhelm Leibniz etabliert, die eng mit der TU kooperieren; deren Leiter sind meist in Personalunion auch TU-Professoren. Dank der exzellenten Aufbauarbeit von mehr als zwei Jahrzehnten und der Einbettung der TU in ein hochinnovatives Umfeld, das mit dem Verbund DRESDEN-concept e. V. auch einen institutionellen Rahmen gefunden hat, konnte sich die TU Dresden 2012 in der Exzellenzinitiative des Bundes durchsetzen und ihren Titel als Exzellenzuniversität 2019 erfolgreich verteidigen. Dieser Status stellt die Universität erneut vor die Herausforderung, ihre Raumkapazitäten zu erweitern. Der Südflügel des Barkhausen-Baus wurde folglich aufgestockt und um eine Gebäudehälfte erweitert. Im Innenhof des Gebäudes wurde zusätzlich ein neues Laboratorium errichtet. Mit dem Projekt »Masterplan Campusgestaltung« hat die Universität seit 2018 auch den Außenraum wieder stärker in den Blick genommen, der als Arbeitsumfeld für Mitarbeiter und Studierende eine größere Aufenthaltsqualität bieten und gleichzeitig ein Spiegel der Exzellenzuniversität werden soll.

von-Gerber-Bau

Als neues Technologiezentrum des Maschinenbaus für CAD/CAM war das Gebäude bereits vor 1989 geplant und im Rohbau errichtet worden. Im Herbst 1990 fiel dann die Entscheidung zur Umwidmung an die neu zu gründende Juristische Fakultät. Das Staatshochbauamt beauftragte das Stuttgarter Büro ENARPLAN mit dem Umbau. In kurzer Bauzeit wurden für die neue Zweckbestimmung nicht mehr benötigte Bauteile demontiert, die Stützfundamente verstärkt und auf die vorhandenen beiden Geschosse zwei weitere aufgesetzt. In den unteren beiden Etagen, die mit ihrer transparenten Struktur nach außen hin eine offene und einladende Atmosphäre schaffen sollten, wurden Hörsäle, Seminarräume und die Bibliothek untergebracht. Die beiden oberen Etagen boten den Platz für die eher nach innen gerichteten Institutsräume der Juristischen Fakultät. Dank der Nutzung des Rohbaus konnte bereits im Wintersemester 1993/94 der Lehrbetrieb im neuen Gebäude aufgenommen werden. Zu diesem Anlass erfolgte die Benennung nach Carl Friedrich von Gerber. Der Neubau ist ein gelungener Beleg dafür, dass auch bei knappen finanziellen Mitteln sowie unter ressourcensparender und damit nachhaltiger Einbeziehung vorhandener Bausubstanz ein funktionaler Universitätsbau realisierbar ist, der von den Studierenden und Mitarbeitenden als Lernort angenommen wird.

CARL FRIEDRICH VON GERBER

11.4.1823 – 23.12.1891

Carl Friedrich Gerber studierte in Leipzig Philosophie und Rechtswissenschaften, promovierte 1843 in Heidelberg und habilitierte sich im folgenden Jahr in Jena. Danach führten ihn Berufungen an die Universitäten Erlangen, Tübingen, Jena und schließlich 1863 nach Leipzig. Bahnbrechende Leistungen erbrachte er insbesondere auf dem Gebiet des deutschen Privatrechts. 1859 wurde Gerber der persönliche, 1878 der erbliche Adelsstand verliehen.

1871 wurde die akademische Karriere von Gerbers durch die Ernennung zum sächsischen Kultusminister beendet. Der ehemals betont konservative Staatsrechtler trat im Kulturbereich mit weitreichenden Reformprojekten hervor. Persönlich engagierte er sich für Verbesserungen des Unterrichtswesens. So wurden die Gewerbe- und Realschulen erheblich ausgebaut. Nachdem das Dresdner Polytechnikum 1876 in die Zuständigkeit des Kultusministeriums wechselte, fand dessen Direktor Gustav Zeuner in von Gerber einen Partner für seine Reformpläne. Das Polytechnikum wurde erheblich ausgebaut und im Niveau angehoben. 1890 folgte die Umwandlung des Polytechnikums in eine Technische Hochschule.

Andreas-Pfitzmann-Bau

Die Institute der Fakultät Informatik erhielten mit dem Neubau an der Nöthnitzer Straße 2013 erstmalig einen gemeinsamen Standort auf dem Campus. Das von der Dresdner Architektengemeinschaft Zimmermann + Code Unique Architekten entworfene vierstöckige Gebäude zieht sich als mäanderndes Band um zwei Höfe. Vor dem Eingangsbereich wurde eine Platzsituation als kommunikativer Raum geschaffen, der, durch eine Glaswand getrennt, in den überdachten Innenhof als gebäudehohes Foyer überleitet. Im Foyer greifen die drei grasgrünen, technoid-futuristischen Skulpturen »Bubbles« (2006) des Dresdner Künstlers André Tempel (*1970) die markante farbige Gestaltung des Gebäudes auf. In den Gängen der oberen Stockwerke finden sich darüber hinaus kinetische Objekte von Sebastian Hempel (*1971); seine mehrteilige serielle Raumarbeit »Display« (2005) besteht aus insgesamt 18 sich drehenden Scheiben, die Licht und Umgebung reflektieren.

Die Dachlandschaft über dem Rechenzentrum der Fakultät bildet die fünfte Fassade des zweiten Innenhofs, in den vom Südflügel aus ein halbrunder, über alle Obergeschosse geführter Anbau hineinragt. Auf der straßenabgewandten Südseite ist ein Pausengarten mit Wasserflächen, Holzstegen und Sitzgruppen entstanden. Die Homogenität des Baukörpers wird durch die äußere Fassadengestaltung unterstrichen. Horizontal verlaufende, mit hellgrünem Farbglas verkleidete Brüstungsfelder werden überlagert durch großformatige, senkrechte Tafeln aus dunklem Faserzement. Vor den einzelnen Fensteröffnungen dienen bewegliche Schiebeelemente mit silbriger Streckmetallfüllung beziehungsweise Glaslamellen als Sonnenschutz. Am 18. November 2014 wurde das Gebäude feierlich in Andreas-Pfitzmann-Bau umbenannt.

ANDREAS PFITZMANN
18.3.1958 – 23.9.2010

Nach dem Informatikstudium an der TH und der Universität Karlsruhe wurde Andreas Pfitzmann 1983 Assistent an der Universität Karlsruhe, wo er 1989 auch promovierte. 1991 trat er eine Assistentenstelle an der Universität Heidelberg an. 1993 berief die TU Dresden Pfitzmann auf die Professur für Informations- und Kodierungstheorie, seit 2001 hatte er die Professur für Datenschutz und Datensicherheit inne.

Pfitzmann prägte als Hochschullehrer und Dekan die Entwicklung von Forschung und Lehre an der Fakultät Informatik der TU Dresden nachhaltig. Als Experte für IT-Sicherheit lieferte er grundlegende Beiträge zu den Themenfeldern mehrseitige Sicherheit, Anonymität und Steganografie. Als Vordenker auf dem Gebiet von Informatik und Gesellschaft war er ein viel gefragter Berater, Gutachter und Sachverständiger, der sich konsequent für die Informationsfreiheit einsetzte.

WERNER-HARTMANN-BAU

Werner-Hartmann-Bau

Das neue Technikum für die Mikro- und Nanoelektronik musste in erster Linie Laborkapazitäten hoher Güte für die Fakultät Elektrotechnik und Informationstechnik bereitstellen. Reinraumlabore mit Überdruck, schwingungsfreie Fundamente für hochsensible Geräte wie beispielsweise Rasterelektronenmikroskope und ein exzellentes Datennetz wurden hierfür realisiert. Das Gebäude auf fast quadratischer Grundfläche gliedert sich in einen öffentlichen Flügel entlang der Nöthnitzer Straße und zwei Labortrakte um einen Innenhof. Die Erscheinung des Technikums wird durch die vorgehängte Fassade aus schimmernd glänzenden Metallpaneelen bestimmt, die sich in Teilbereichen motivisch an eine Leiterplatte anlehnen. Im Bereich der Erschließungshalle löst sich die perforierte Metallfassade von der zurückgesetzten Verglasung, wird vom Innenraum aus wahrnehmbar und zugleich gestalterisch identitätsstiftendes Element. Mit dem zeitgleich errichteten Forschungslabor des Mierdel-Baus verbindet den Werner-Hartmann-Bau eine Glasbrücke, in unmittelbarer Nachbarschaft befinden sich zudem das zentrale Reinraumlabor der TU und das An-Institut NaMLab (nanoelectronic materials laboratory). Durch diese räumliche Konzentration wurde ein Campus für die Mikro- und Nanotechnologie geschaffen, der Potenziale für Synergien bietet und das Forschungsprofil der Universität auf diesem Gebiet festigt. Im Rahmen der Bauübergabe erhielt das Technikum 2013 den Namen Werner-Hartmann-Bau. Auf dem Vorplatz des Technikums ist seit 2014 die Skulptur »Biowafer« der Dresdner Lichtdesignerin Jaqueline Knappe (*1966) installiert.

WERNER HARTMANN
30.1.1912 – 8.3.1988

Werner Hartmann studierte Physik an der TH Berlin und promovierte 1936. Seit 1935 als Physiker im Forschungslabor der Siemens-Werke tätig, wechselte er 1937 zur Fernseh-GmbH in Berlin. Auf Einladung seines Lehrers Gustav Hertz arbeitete Hartmann von 1945 bis 1955 am Kernforschungsprojekt der UdSSR in Suchumi (Georgien). Zusammen mit Manfred von Ardenne baute er ab 1955 den VEB Vacutronic Dresden zur Herstellung von Kernstrahlungsmesstechnik auf. 1956 habilitierte er sich an der TH Dresden und wirkte nebenamtlich als Professor für Kerntechnik.

1961 erhielt Hartmann von der staatlichen Planungskommission den Auftrag, die Arbeitsstelle für Molekularelektronik (ab 1969 AMD) aufzubauen und sich um die Entwicklung von integrierten Schaltkreisen zu kümmern. Nach Auflösung der Fakultät Kerntechnik hielt Hartmann an der TU Dresden Vorlesungen für Mathematik- und Physikstudenten. Schon lange als »politisch unzuverlässig« vom Ministerium für Staatssicherheit überwacht, wurde Hartmann 1974 wegen »Spionageverdacht« als Leiter der AMD abberufen und auf eine subalterne Stelle beim VEB Spurenelemente Freiberg abgeschoben.

HERMANN KRONE
14.9.1827 – 27.9.1916

Hermann Krone absolvierte eine Lithografenlehre in Breslau und studierte parallel an der dortigen Universität. Ab 1848 war er als Assistent an der Sternwarte in Breslau tätig. 1849 schrieb er sich dann als Student an der Kunstakademie Dresden ein. Seit 1843 befasste sich Krone mit der Fotografie, gründete 1851 in Leipzig ein fotografisches Atelier, verlegte dieses aber im kommenden Jahr nach Dresden. Anerkennung errang er durch seine Landschaftsaufnahmen der Sächsischen Schweiz, die er 1853 präsentierte.

Nach mehreren erfolglosen Versuchen erhielt Krone 1870 die Genehmigung, am Dresdner Polytechnikum Privatvorträge zur Fotografie zu halten. 1874/75 nahm er als Leiter der fotografischen Abteilung an einer Expedition zur Beobachtung des Venusdurchgangs teil und habilitierte sich 1876 mit der Abhandlung »Von der Verwendung des Lichts zur Abbildung im Dienste der Wissenschaft«. 1895 wurde Krone schließlich zum Titularprofessor an der TH Dresden ernannt. Eine umfangreiche Lehrsammlung, die er für den Unterricht aufgebaut hatte, stiftete Krone anlässlich seines Ausscheidens aus dem Lehrbetrieb 1907 der Hochschule.

Hermann-Krone-Bau

Mit dem Neubau an der Nöthnitzer Straße erhielten die Professuren des Instituts für Angewandte Physik 2016 einen gemeinsamen Standort. Entworfen wurde der Bau vom Architekturbüro Heinle, Wischer und Partner. Er liegt an der Helmholtzstraße und stellt die Verbindung des alten Campus zu den Neubauten an der Nöthnitzer Straße her. Aufgrund des erheblichen Geländegefälles präsentiert sich der Bau vom Campus aus viergeschossig, von der Nöthnitzer Straße her dreigeschossig. Die Fassade bilden geschlossene Flächen aus weißem Aluminiumblech und gebäudehohe geöffnete Anteile aus Glas, die durch weiße Lisenen gegliedert sind. Horizontal verlaufende Bänder zeichnen die Geschosse nach und rastern in Kombination mit den Lisenen die Fassade. Der Haupteingang an der Nöthnitzer Straße ist ein tiefer Einschnitt in die Fassade und führt in das großzügige, gebäudehohe Foyer. Es ist als kommunikatives Zentrum angelegt, das die verschiedenen Labor- und Bürobereiche miteinander verbindet. Die hier betriebenen Forschungen zu fotoaktiven, organischen Materialien stehen in der Tradition der von Hermann Krone, dem Namensgeber des Gebäudes, im 19. Jahrhundert gelehrten wissenschaftlichen Fotografie. Für die kulturhistorisch bedeutende Hermann-Krone-Sammlung mit zahlreichen Fotografien, Daguerreotypien und den Tafeln des »Fotografischen Lehrmuseums« wurde ein klimatisierter Depotraum geschaffen.

HERMANN · KRONE · BAU
61

Die Forstakademie Tharandt

Cotta's Haus, Lithografie von
Carl Wilhelm Arldt, 1836

Die Forstakademie Tharandt geht zurück auf Johann Heinrich Cotta (1763–1844), der 1810 von König Friedrich August I. zum Königlich Sächsischen Forstrat und Direktor der Forstvermessungsanstalt ernannt worden war. Damit konnte Cotta seine private Lehranstalt vom thüringischen Zillbach nach Tharandt verlegen und am 24. Mai 1811 eröffnen. Eigene Unterrichtsgebäude standen vorerst nicht zur Verfügung. Neben Cotta wirkte Johann Adam Reum (1780–1839), der mit der Anlage eines Forstgartens betraut wurde und später die Lehre in den Fächern Mathematik, Vermessungskunde und Botanik übernahm. Zum Kollegium der Anfangsjahre zählte ebenso Karl Leberecht Krutzsch (1773–1852), der ab 1814 als Professor der Naturwissenschaften lehrte.

Am 17. Juni 1816 wurde die Forstlehranstalt vom sächsischen Staat übernommen und zur Königlich-Sächsischen Forstakademie zu Tharandt erhoben, der Cotta als Oberforstrat und Direktor vorstand. Der Unterricht wurde vorerst weiter in den privaten Wohnungen der Lehrer abgehalten, während der praktische Anschauungsunterricht im Forstgarten oder in den Wäldern rund um Tharandt stattfand. Ab 1830 erfolgte die Angliederung einer landwirtschaftlichen Abteilung an die Forstakademie, die jedoch 1870 an die Universität Leipzig abgegeben wurde.

Auf Initiative von Emil Adolf Rossmässler (1806–1867), der die Vorlesung der Botanik von Johann Adam Reum übernommen hatte, entstand 1842 im Forstgarten das erste Gebäude mit Hörsaal der Forstakademie. Das sogenannte Schweizerhaus wurde durch den Tharandter Forstmathematiker Max Robert Preßler (1815–1886) geplant und trägt noch heute diesen Namen. Preßlers forstökonomische Theorien einer Waldwirtschaft zur Gewinnmaximierung waren gleichermaßen umstritten wie anerkannt und prägten über viele Jahre Lehre und Forstverwaltungen nicht nur in Sachsen, sondern auch im gesamten Deutschen Reich.

Mit der Berufung Julius Adolph Stöckhardts (1809–1886) auf den neu gegründeten Lehrstuhl für Agrikulturchemie und landwirtschaftliche Technologie 1847 gewann das Versuchswesen in der forstlichen Lehre an Bedeutung. Der Bedarf an geeigneten Versuchslaboren, die steigenden Studentenzahlen und die angewachsenen forstlichen Sammlungen ließen erste Pläne für einen Neubau entstehen. Unter dem Nachfolger des 1844 verstorbenen Cotta, Freiherr Edmund von Berg (1800–1874), wurden bedeutende Sammlungen ausländischer Hölzer angeschafft. Die vorhandenen Sammlungsobjekte wurden erstmals registriert und geordnet im neuen Akademiegebäude an der Pienner Straße untergebracht. Der heutige »Altbau« konnte in den Jahren 1847 bis 1849 nach Entwürfen des Landbaumeisters Karl Moritz Hänel (1809–1880) errichtet werden. Eine Sammlung wertvoller Geweihe verschiedener Hirscharten

Schweizerhaus, 2020

Hauptgebäude der Fachrichtung Forstwissenschaften, 2019

befindet sich bis heute im Lichthof des Gebäudes. 1928 erfolgte die Erweiterung des Baus um eine Bibliothek an der Ostseite und ein Laboratorium an der Westseite. Damit konnte der Unterricht ab 1849 erstmals im neuen Akademiegebäude zusammengeführt werden. Das bisher genutzte Schweizerhaus wurde in den folgenden Jahren als forstliches Museum eingerichtet. Im Zweiten Weltkrieg stark beschädigt, konnte das Gebäude in der Folgezeit wieder aufgebaut werden. Heute ist es als Museum und für Veranstaltungen öffentlich zugänglich.

Mit Johann Friedrich Judeich (1828 – 1894) wurde 1866 erstmals ein Absolvent der Akademie zum Direktor ernannt. Sein herausragender Ruf als Gelehrter auf dem Gebiet der Forsteinrichtung sowie die Verbesserung der Ausbildung in den naturwissenschaftlichen Fächern führte zu einem bedeutenden Anstieg der Studentenzahlen. Zugleich förderte er die praktischen Übungen in der forstlichen Ausbildung. 1869 baute Friedrich Nobbe (1830 – 1922), der seit 1868 als Professor für biologische Naturwissenschaften wirkte, eine pflanzenphysiologische Versuchsanstalt auf, die 1904 in den Botanischen Garten in Dresden überführt wurde. Nobbe beschäftige sich vornehmlich mit Fragen der Saatgutqualität und der Pflanzenernährung. Die ehemalige »Milkau-Villa« an der Wilsdruffer Straße wurde ab 1940 durch die Fakultät Forstwissenschaften genutzt und in Nobbe-Bau umbenannt, befindet sich jedoch nicht mehr im Besitz des Freistaats. 1874 erhielt die Forstakademie zusätzlich ein eigenes Laboratoriumsgebäude (heute Stöckhardt-Bau). Hier fanden vornehmlich die chemische Ausbildung und der Unterricht in Geologie, Mineralogie und Meteorologie statt. Die Studenten konnten zudem praktische Berufserfahrungen in einem landwirtschaftlichen Versuchsgut, dem Folgengut in Hintergersdorf, sowie in einem Köhlerbetrieb und in einer Forellenzuchtanlage sammeln.

1904 wurde die Forstakademie in den Rang einer staatlichen Hochschule mit einem Wahlrektorat erhoben. Die forstliche Ausbildung gewann damit weiter an Bedeutung. Im Ersten Weltkrieg musste die Hochschule kriegsbedingt schließen, der Lehrbetrieb konnte aber bereits im Januar 1919 wieder aufgenommen werden. Die Bezeichnung »Forstliche Hochschule Tharandt« wurde erst im Jahr 1923 offiziell eingeführt. Erneute Pläne, die Forsthochschule nach Leipzig zu verlegen, wurden durch die Verleihung des Promotionsrechts verzögert, das 1928 ausgesprochen wurde. Am 1. April 1929 wurde die bis dahin selbstständige Hochschule schließlich als Abteilung in die TH Dresden integriert. Die Forstwissenschaftliche Fakultät der TH Dresden, so die offizielle Bezeichnung seit 1941, überstand den Zweiten Weltkrieg weitgehend unbeschadet. Sie konnte am 1. Oktober 1946, allerdings mit nur noch drei besetzten Professuren, wiedereröffnet werden. Ab Mitte der 1950er-Jahre waren alle Lehrgebiete wieder vollständig vertreten.

Das in der Nähe der Stadt Tharandt gelegene Jagdschloss in Grillenburg wurde seit 1952 ebenfalls durch die Forstfakultät genutzt. Hier war ab 1966 die Forstliche und Jagdkundliche Lehrschau als öffentliches Museum untergebracht. Das Schloss musste jedoch 2009 aus baulichen Gründen freigezogen werden und das Museum wurde aufgelöst. Das Schlossareal soll perspektivisch zu einem Tagungszentrum umgebaut werden und der TU Dresden wieder zur Verfügung stehen. Neben einem Studentenwohnheim entstand 1959 ein Neubau für die Professur für Forsttechnik an der Dresdner Straße.

Der bedeutende Forstbotanische Garten dient als sächsisches Landesarboretum. Ab 1997 konnte er um einen Bereich mit nordamerikanischen Waldformationen erweitert werden.

Im August 2002 überflutete ein Hochwasser der Wilden Weißeritz den kompletten Campus der Fachrichtung Forstwissenschaften in Tharandt. Die Gebäude wurden schwer beschädigt und zahlreiche Sammlungsobjekte wurden vernichtet. Fast zwölf Millionen Euro mussten für die anschließende Sanierung und für Ersatzneubauten aufgewendet werden. Der alte Roßmäßler-Bau wurde abgerissen und 2005 durch ein neues Gebäude für die Mensa und die forstwissenschaftliche Abteilung der Sächsischen Landes- und Universitätsbibliothek ersetzt.

Forstzoologische Sammlung im Hauptgebäude, um 1860

STÖCKHARDT-BAU

Stöckhardt-Bau

Das Gebäude wurde von 1883 bis 1885 als Laboratoriumsgebäude der Forstakademie Tharandt errichtet. Es gliedert sich in einen zweigeschossigen, symmetrisch aufgebauten Hauptkörper und zwei kurze, eingeschossige Flügelbauten, die der Gebäudeanlage einen gestuften Aufbau geben. Der Gesamteindruck des Gebäudes wird durch das Walmdach und durch eine sparsame architektonische Gliederung der Fassade geprägt. In den Jahren 1929 bis 1931 kam es erstmals zu einer grundlegenden Erneuerung des Gebäudes. Am 7. Januar 1931 fand die Einweihung des nun ganz auf die Belange eines modernen forstchemischen Instituts ausgerichteten Hauses statt, das seither Stöckhardt-Bau heißt. Auf dem Dach des Gebäudes wurden in neuer Zeit Instrumente für Luftschadstoffanalyse installiert. Nach der Fertigstellung des Judeich-Baus 1999 konnte das Institut für Pflanzen- und Holzchemie dorthin umziehen. Der Stöckhardt-Bau wurde ein weiteres Mal saniert und wird heute von verschiedenen Professuren der Fakultät Umweltwissenschaften der Forstakademie genutzt.

JULIUS ADOLPH STÖCKHARDT
4.1.1809 – 1.6.1886

Julius Adolph Stöckhardt schloss seine Apothekerlehre 1828 mit dem Examen ab und war anschließend in Berlin und Potsdam tätig. Hier studierte er nebenher Naturwissenschaften und Pharmazie und absolvierte 1833 die pharmazeutische Staatsprüfung. Nach zwei Jahren der Wanderschaft kehrte er nach Sachsen zurück, promovierte 1837 an der Universität Leipzig und wurde 1838 Lehrer an der Gewerbeschule in Chemnitz. Vor Ort richtete sich Stöckhardt auch ein Laboratorium ein und wandte sich der aufkommenden Agrikulturchemie zu.

1847 wurde Stöckhardt auf die neu geschaffene Professur für Agrikulturchemie und landwirtschaftliche Technologie an der Forstakademie berufen. Hier wurde er zum Begründer des Landwirtschaftlichen Versuchswesens. Als Direktor des 1849 gegründeten Instituts für Bodenkunde und Standortlehre befasste er sich mit Pflanzenernährung, Düngung und Bodenzustandsuntersuchung. Ebenso analysierte er die Wirkung industrieller Abgase auf das Pflanzenwachstum und wurde damit zum Begründer der Rauchschadensforschung.

COTTA-BAU

Cotta-Bau

Am 1. November 1926 wurde der Grundstein des Gebäudes gelegt, das den Namen Heinrich Cottas erhielt. Der schlichte, zweckmäßige Bau nach dem Entwurf des Architekten und Oberregierungsbaurats Heinrich Koch konnte im Herbst 1929 seiner Bestimmung übergeben werden. Die Institute für Bodenkunde, Botanik und Forstvermessung zogen in den neuen Cotta-Bau, der außerdem über einen großen Hörsaal verfügte. Die ebenfalls vorgesehenen Erweiterungsbauten konnten, bedingt durch den Zweiten Weltkrieg, nicht ausgeführt werden. Stattdessen wurde das Gebäude als Lazarett genutzt. Der Cotta-Bau ist ein längsorientiertes, dreigeschossiges Gebäude mit einem flachen Walmdach. Die Fassade ist im Sockelgeschoss mit Naturstein verkleidet. Aus dem gleichen Material ist auch das tief eingeschnittene Hauptportal gefertigt. Das Gebäude wurde nach der Flut 2002 komplett saniert. Es ist heute Sitz des Instituts für Forstbotanik und Forstzoologie und damit auch Standort der bedeutenden forstbotanischen und forstzoologischen Sammlungen.

HEINRICH COTTA
30.10.1763 – 25.10.1844

Heinrich Cotta absolvierte eine Lehre als Förster, bevor er 1784/85 in Jena Kameralwissenschaften und Mathematik studierte. Im heimatlichen Zillbach (Herzogtum Sachsen-Weimar) war er anschließend als forstlicher Landvermesser tätig und unterrichtete Mitarbeiter in Vermessungswesen und Forstwirtschaft, woraus sich eine kleine Schule entwickelte. Die 1806 erschienene, preisgekrönte Arbeit »Naturbeobachtungen über die Bewegung und Funktion des Saftes in den Gewächsen« begründete seinen wissenschaftlichen Ruf. Durch ring- und spiralförmige Einschnitte der Rinde hatte Cotta den Beweis für die Zirkulation des Pflanzensaftes im Baum erbracht.

1810 wurde Cotta Forstvermessungsdirektor im Königreich Sachsen. Mit seinem Umzug nach Sachsen verlegte Cotta 1811 auch die Forstschule an den Dienstort Tharandt. Finanzielle Schwierigkeiten veranlassten ihn, die Schule in staatliche Verwaltung zu überführen. Am 17. Juni 1816 erfolgte die feierliche Eröffnung der Königlich-Sächsischen Forstakademie, die Cotta bis zu seinem Tod leitete. Mehr als 1 000 Forstleute wurden zu Cottas Lebzeiten an der Akademie ausgebildet.

JOHANN FRIEDRICH JUDEICH
27.1.1828 – 28.3.1894

Nach einem Praktikum im Staatsforstbetrieb Altenberg studierte Johann Friedrich Judeich an der damaligen Akademie für Forst- und Landwirte in Tharandt sowie einige Semester Nationalökonomie an der Universität Leipzig. Viele Jahre sammelte Judeich praktische Erfahrung im sächsischen Forstdienst, bevor er 1862 als Direktor der böhmischen Forstschule Weißwasser berufen wurde. 1866 zum Oberforstrat befördert, trat er als Direktor und gleichzeitig Lehrer für Forstwissenschaften in die Forstakademie Tharandt ein. Insbesondere seine Arbeiten über Forsteinrichtung, die volkswirtschaftliche Grundsätze der Waldbewirtschaftung berücksichtigte, prägten die Verfahren vieler Länder.

Judeich verhinderte 1870 die Verlegung der Forstakademie an die Universität Leipzig, nur die landwirtschaftliche Abteilung musste abgetreten werden. Stattdessen führte Judeich eine grundlegende Studienreform durch, die zu einem beträchtlichen Anstieg der Studentenzahlen führte. Von den 1337 Studierenden in seiner Amtszeit waren 442 Ausländer aus über 20 Staaten.

Judeich-Bau

Der Grundstein für den vom Münchner Architekturbüro Krug & Partner entworfenen Neubau für die Forstwissenschaften wurde im Juli 1998 gelegt. Bereits ein Jahr später war das Gebäude fertiggestellt. Die drei Trakte bilden einen dreieckigen Grundriss um einen Innenhof. Dieser mit Großgehölzen bepflanzte, glasüberdachte Raum dient nicht nur der Erschließung des gesamten Gebäudes, sondern vielmehr als einladender Aufenthalts- und Kommunikationsort. Zwei Drittel der Geschossflächen des Labor- und Institutsbaus nehmen die Labore für naturwissenschaftliche Forschung der verschiedenen Institute ein. Ein Hörsaal mit 199 Plätzen und ein Praktikumsraum dienen der Lehre. Der dreigeschossige Bau ist als Stahlbetonskelettbau ausgeführt, dessen Fassade zum größten Teil verglast ist. Die geschlossenen Wandteile im Erdgeschoss sind mit einer Lärchenholzschalung verkleidet. Die drei Ansichten des Gebäudes sind gleichwertig gestaltet. Der Dreiecksbau lässt Blickachsen zwischen Pienner Straße und Wilder Weißeritz frei und verfügt über großzügige Freiflächen. Die begrünten Dächer sind aufgrund der Tallage von oben einsehbar und ordnen sich harmonisch in die umgebenden Grünflächen ein.

JUDEICH BAU

Rossmässler-Bau

Der alte Rossmässler-Bau war ursprünglich 1871 als Gaststätte errichtet worden und wurde seit 1934 von der Forstakademie genutzt. Nach dem Hochwasser von 2002 entschied man sich für den Abriss des Gebäudes. Im Zuge der umfassenden Sanierungs- und Neubaumaßnahmen nach der Flut wurde auch die Flächennutzung der Fakultät Forstwissenschaften optimiert. Der Neubau eines Bibliotheks- und Mensagebäudes erlaubte die Umwidmung der vormals von der forstwissenschaftlichen Bibliothek im Hauptgebäude der Akademie genutzten Räume.

Der Neubau des Bibliotheks- und Mensagebäudes wurde vom Dresdner Architekturbüro AGZ geplant. Die Gebäudekonzeption berücksichtigte eine mögliche Überflutung der Talaue. Die Anordnung der Mensa im Erdgeschoss, der Leseplätze mit Freihandbereich im Obergeschoss sowie des Büchermagazins, der Verwaltungsräume und der Haustechnik im Dachaufbau soll im Katastrophenfall das Schadensrisiko verringern. In der äußeren Gestaltung wurde mit den um das Gebäude verlaufenden auskragenden Geschoss- und Dachdecken ein charakteristisches Element der Nachbarbebauung aufgenommen. Alle Außenwände sind mit Holzpaneelen verkleidet, deren horizontale Fugen durch Aluminiumprofile hervorgehoben werden. Die großflächige Verglasung der Publikumsbereiche verbindet Innen- und Außenraum und ermöglicht so von allen Plätzen des Speisesaals sowie aus dem Freihandbereich der Bibliothek den Ausblick in die Umgebung. Das 2005 fertiggestellte Gebäude erhielt wieder den Namen Rossmässler-Bau.

EMIL ADOLF ROSSMÄSSLER
3.3.1806 – 8.4.1867

Emil Adolf Rossmässler brach sein Studium an der Universität Leipzig 1827 ab und wurde Lehrer an einer Schule in Weida/Thüringen. Auf Vermittlung des Dresdner Botanikers Ludwig Reichenbach bekam der wissenschaftlich hochbegabte Rossmässler 1830 ohne Hochschulabschluss eine Stelle als Lehrer für Botanik an der Forstakademie, bis 1842 hatte er auch die Bibliothek und Naturaliensammlung zu verwalten. Nachdem 1839 der Botanikprofessor Johann Reum verstarb, übernahm er dessen Vorlesung. Rossmässler gab mehrere forstzoologische Lehrbücher heraus. 1835 erschien mit »Die Iconographie der Land- und Süsswassermolusken« sein wissenschaftliches Hauptwerk.

Rossmässler war gewähltes Mitglied des Frankfurter Parlaments und dort im Schulausschuss tätig. Nach Zwangsauflösung des Parlaments 1849 betrieb das sächsische Finanzministerium seine Entlassung. Rossmässler kehrte nach Leipzig zurück und setzte sich durch eine intensive Vortragstätigkeit und populärwissenschaftliche Publikationen für die Arbeiter- und Volksbildung ein. Auch die fortgesetzte politische Verfolgung hinderte ihn nicht daran, sich 1861 als Gründungsmitglied des Gewerblichen Bildungsvereins für Arbeiter in Leipzig zu engagieren.

Campus TU Dresden

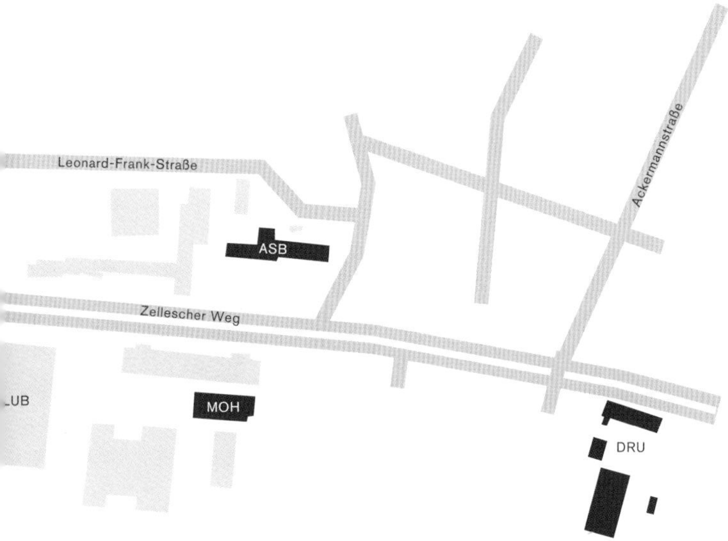

Campus Tharandt

COT	Cotta-Bau → S. 112
JUD	Judeich-Bau → S. 114
ROS	Rossmässler-Bau → S. 116
STO	Stöckhardt-Bau → S. 110

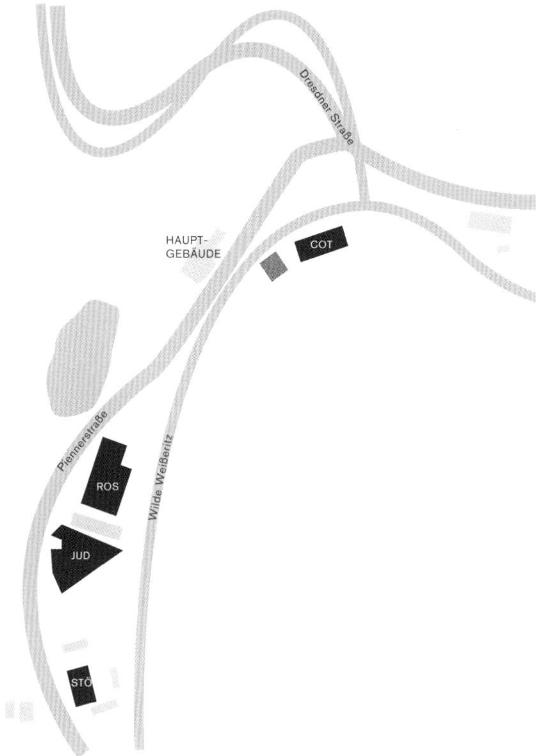

Impressum

HERAUSGEBER

Kustodie der TU Dresden
Sammlungen – Ausstellungen – Kunstbesitz
Zellescher Weg 17
01069 Dresden
Tel: +49 351 463440356
kustodie@tu-dresden.de
https://tu-dresden.de/kustodie

VERLAG

Sandstein Verlag
Goetheallee 6
01309 Dresden
www.sandstein-verlag.de

KONZEPT, REDAKTION UND TEXTE

Jörg Zaun, Kirsten Vincenz

REDAKTIONELLE MITARBEIT

Gilbert Lupfer, Klaus Mauersberger

LEKTORAT

Gwendolin Kremer,
Adrienne Heilbronner, Sandstein Verlag

GESTALTUNG

Annett Stoy, Sandstein Verlag

SATZ UND REPROGRAFIE

Annett Stoy, Christian Werner,
Sandstein Verlag

DRUCK UND VERARBEITUNG

FINIDR s.r.o., Česky Těšin

SCHRIFT

Akzidenz Grotesk Pro

PAPIER

Novatech matt

ISBN 978-3-95498-560-9

Die Deutsche Nationalbibliothek verzeichnet diese Publikation in der Deutschen Nationalbibliografie; detaillierte bibliografische Daten sind im Internet über http://dnb.dnb.de abrufbar.

BILDNACHWEIS

Cover vorn: Fassadendetail des König-Baus, Foto: Till Schuster (2019)

Cover hinten: Fassadendetail des Werner-Hartmann-Baus, Foto: Till Schuster (2019)

Architekturfotografien sowie Kunst am Bau:
Till Schuster (2019/20)

mit Ausnahme von:
S. 22 Lichthof des Görges-Baus mit dem Werk »Hommage an Steve Reich« (1985) von Karl-Heinz Adler, Foto: Paul Barsch (2017)

S. 101 André Tempel »Bubbles«, S.103 Jaqueline Knappe »Biowafer«, Fotos: Kirsten Lassig B.A. (Hons.) Photography (2004)

Portraits der Namensgeber sowie historische Fotografien: Kustodie und Universitätsarchiv der TU Dresden

mit Ausnahme von:
S. 45 Trümmerberäumung: © SLUB Dresden, Deutsche Fotothek

S. 51 Zeichnung: Architekturmuseum TU Berlin, Inv. Nr. F_3830, © Familie Ochs

S. 101 Andreas Pfitzmann: Privat

S. 103 Werner Hartmann: © SLUB Dresden, Deutsche Fotothek, Foto: Hildegard Jäckel